essentials

essentials liefern aktuelles Wissen in konzentrierter Form. Die Essenz dessen, worauf es als „State-of-the-Art" in der gegenwärtigen Fachdiskussion oder in der Praxis ankommt. *essentials* informieren schnell, unkompliziert und verständlich

- als Einführung in ein aktuelles Thema aus Ihrem Fachgebiet
- als Einstieg in ein für Sie noch unbekanntes Themenfeld
- als Einblick, um zum Thema mitreden zu können

Die Bücher in elektronischer und gedruckter Form bringen das Expertenwissen von Springer-Fachautoren kompakt zur Darstellung. Sie sind besonders für die Nutzung als eBook auf Tablet-PCs, eBook-Readern und Smartphones geeignet. *essentials*: Wissensbausteine aus den Wirtschafts-, Sozial- und Geisteswissenschaften, aus Technik und Naturwissenschaften sowie aus Medizin, Psychologie und Gesundheitsberufen. Von renommierten Autoren aller Springer-Verlagsmarken.

Weitere Bände in der Reihe http://www.springer.com/series/13088

Christopher Hahn · Adrian Wons

Initial Coin Offering (ICO)

Unternehmensfinanzierung auf Basis der Blockchain-Technologie

Dr. Christopher Hahn
Berlin, Deutschland

Adrian Wons
Berlin, Deutschland

ISSN 2197-6708   ISSN 2197-6716   (electronic)
essentials
ISBN 978-3-658-21786-0   ISBN 978-3-658-21787-7   (eBook)
https://doi.org/10.1007/978-3-658-21787-7

Die Deutsche Nationalbibliothek verzeichnet diese Publikation in der Deutschen Nationalbibliografie; detaillierte bibliografische Daten sind im Internet über http://dnb.d-nb.de abrufbar.

Gedruckt auf säurefreiem und chlorfrei gebleichtem Papier

Springer Gabler ist ein Imprint der eingetragenen Gesellschaft Springer Fachmedien Wiesbaden GmbH und ist ein Teil von Springer Nature
Die Anschrift der Gesellschaft ist: Abraham-Lincoln-Str. 46, 65189 Wiesbaden, Germany

Was Sie in diesem *essential* finden können

- Einen Einblick in Grundlagen und Begriffe eines Initial Coin Offering (ICO) und dessen Vorteile und Nachteile sowie der Vergleich zu anderen Finanzierungsmöglichkeiten
- Einen Exkurs zu den relevanten Themen Blockchain, Kryptowährung und Tokens
- Eine Übersicht zu dem Ablauf eines ICO und der Gestaltung der zu emittierenden Tokens und deren „Utilities"
- Eine Einführung in die Planung des ICOs und der wichtigen Erstellung des dazugehörigen Whitepapers und Token Offering Document (TOD)
- Einen Einblick in die rechtlichen Rahmenbedingungen eines ICOs in Deutschland
- Einen Fragenkatalog für (Start-up-) Unternehmen, die mit dem Gedanken spielen, einen ICO zu starten

Vorwort

Das *essential* vermittelt einen Einblick in den Ablauf und die Funktionsweise eines „Initial Coin Offerings" (ICO) als innovative Finanzierungsmethode für Start-up-Unternehmen. Ein richtig durchgeführter ICO erzielt unabhängig von klassischen Kapitalgebern schnell eine große Reichweite möglicher Investoren, hohe Liquidität für eben jene und erfolgt dabei rein digital auf Basis der Blockchain-Technologie. Die Autoren erläutern die Bedeutung und die Struktur eines ICOs sowie die Notwendigkeit für junge Unternehmen, sich frühzeitig mit den rechtlichen Anforderungen und der Planung auseinanderzusetzen. Das *essential* enthält zahlreiche Übersichten zum illustrativen Verständnis sowie Empfehlungen für die Durchführung eines ICOs.

Christopher Hahn
Adrian Wons

Inhaltsverzeichnis

1 Einleitung 1
  1.1 ICO als moderne Art der Finanzierung 3
  1.2 Grundlagen eines ICOs 4
  1.3 Unterschiede zu anderen Finanzierungsformen 6
  1.4 Vorteile und Nachteile eines ICOs 7

2 ICO-Tokens und ihre Funktion 9
  2.1 Typologie von Token 10
    2.1.1 Utility Token 10
    2.1.2 Equity Token 10
    2.1.3 Digitale Währung 10
    2.1.4 Asset-backed Token 12
  2.2 Token-Analyse Modell 12
    2.2.1 Purpose 12
    2.2.2 Token-Rechte/Features 12
    2.2.3 Zugrunde liegender Wert des Tokens 14
    2.2.4 Technische Realisierung 14
  2.3 Tokentypus und rechtliche Betrachtung 15

3 Umsetzung des ICOs 17
  3.1 Vorbereitung des ICOs 17
    3.1.1 Projektteam 18
    3.1.2 Hard Cap/Soft Cap 18
    3.1.3 Mittelverwendung 19
    3.1.4 Marketing 19
    3.1.5 Cybersecurity 19

3.2   Whitepaper 20
   3.2.1   Token Beschreibung 21
   3.2.2   Token Ausgabe, Bedingungen und Teilnahme 21
3.3   Terms & Conditions 22
3.4   Token Offering Document (TOD) 23

4   Zeitpunkt und Ablauf eines ICOs 25
4.1   Zeitpunkt eines ICOs 25
4.2   Phasen eines ICOs 26
   4.2.1   Planung 26
   4.2.2   Event 26
   4.2.3   Post-ICO 28

5   Rechtliche Gestaltung eines ICOs 29
5.1   Erlaubnispflicht nach KWG 30
   5.1.1   Tokens als Rechnungseinheiten i. S. d. KWG 30
   5.1.2   Eigenhandel (§ 1 Abs. 1a S. 2 Nr. 4 KWG) 31
   5.1.3   Finanzkommissionsgeschäft
       (§ 1 Abs. 1 S. 2 Nr. 4 KWG) 32
   5.1.4   Anlagevermittlung (§ 1 Abs. 1a S. 2 Nr. 1 KWG) 33
   5.1.5   Multilaterales Handelssystem
       (§ 1 Abs. 1a) Nr. 1b) KWG) 34
   5.1.6   Angebot „im Inland" i. S. d. § 32 Abs. 1 S. 1 KWG 34
5.2   Erlaubnispflicht nach ZAG 35
   5.2.1   Token als E-Geld (§ 1a Abs. 3 ZAG) 35
   5.2.2   Finanztransfergeschäft (§ 1 Abs. 1 Nr. 6 ZAG) 36
5.3   Erlaubnispflicht nach KAGB 37
5.4   Prospektpflicht nach VermAnlG 37
5.5   Prospektpflicht nach WpPG 38
5.6   Internationale Betrachtung 39

6   Fragenkatalog zum ICO 41

Literatur 45

Einleitung 1

Die voranschreitende Digitalisierung macht auch vor neuen Möglichkeiten der Kapitalbeschaffung nicht Halt. Speziell die Erfindung der Blockchain, eine der bekanntesten und innovativsten Anwendungen der letzten Jahre, ist ein großer „Disrupter" in vielen Branchen. Auch die boomende Finanzierungsform des **Initial Coin Offerings (ICO)** macht sich diese Technologie zu nutzen. Sie bietet (Start-up-) Unternehmen eine innovative Möglichkeit der Kapitalaufnahme, die grundsätzlich mit vielen Vorteilen im Vergleich zu traditionellen Finanzierungsformen einhergeht. Zusammen mit einer abgestimmten Marketingstrategie erzielt sie aufgrund der rein digital ablaufenden Ansprache von Investoren schnell große Reichweiten und vereinfacht die Prozesse und Strukturen zwischen Unternehmen und Kapitalgeber. Sie birgt jedoch auch viele Risiken und Herausforderungen in sich, die es zu meistern gilt (Srinivasan 2017).

▶ **Definition** Blockchains (dt. „Blockketten") sind **fälschungssichere, verteilte Datenstrukturen,** in denen Transaktionen in einem **Transaktionsregister** in der Zeitfolge **protokolliert, nachvollziehbar, unveränderlich** und **ohne zentrale Instanz** abgebildet sind (vgl. auch BaFin 2017, S. 16).

Im Rahmen eines Token Sale erwerben die Investoren über eine Plattform die von dem Start-up-Unternehmen emittierten Token im Austausch gegen Kryptowährungen (oftmals Ether oder Bitcoin), aber auch vereinzelnd gegen herkömmliche Fiat-Währungen (bspw. Euro). Aus technischer Perspektive werden die Kryptowährungen aus der eigenen Wallet auf einen Smart Contract, der von dem emittierenden Unternehmen erstellt wurde, übertragen.

© Springer Fachmedien Wiesbaden GmbH, ein Teil von Springer Nature 2018
C. Hahn und A. Wons, *Initial Coin Offering (ICO)*, essentials,
https://doi.org/10.1007/978-3-658-21787-7_1

▶ **Definition** **Smart Contracts** (dt. „kluge Verträge") sind Computerprotokolle, die Verträge digital abbilden. Sie sind mittels Algorithmen an bestimmte Konditionen geknüpft und treten bei festgeschriebenen („deterministischen") Ereignissen in Kraft. Aus diesem Grund erfordern sie keine menschliche Kontrolle oder eine dritte Partei, die Rechtssicherheit gewährleisten. Dies führt zur Reduktion von Transaktionskosten und erhöht die Vertragssicherheit (Hildner und Danzmann 2017, S. 385). Der Programmiercode **steuert rechtlich relevante Handlungen** (insbesondere einen tatsächlichen Leistungsaustausch) in direkter Abhängigkeit von digital greifbaren Ereignissen (Kaulartz und Heckmann 2016)

Der deterministische Algorithmus des Smart Contracts zahlt automatisch und direkt die erworbenen Tokens an den Investor und seine angegebene Wallet gemäß dem vorab festgelegten Umtauschkurs aus. Vereinzelnd übernimmt die Funktion des Smart Contracts hier noch ein zwischengeschalteter Treuhänder, der das eingesammelte Kapital verwaltet und erst für die Gründer freigibt, bis alle Investoren ihre erworbenen Tokens erhalten haben.

▶ **Definition** Bei einem **Initial Coin Offering** werden digitale **Tokens** oder **Coins** (dt. Münzen) erworben. **Tokens** können ähnlich wie Aktien bei einem Börsengang gesehen werden, haben jedoch nicht die einfache Funktion eines reinen Anteils am Unternehmen. Sie funktionieren eher als ein **digitaler Anteil** an dem **Projekt** und werden benötigt, um die spätere **Blockchain-Plattform** nutzen zu können. In dem Fall kann ein **Token** beispielsweise einen „Coupon" für eine Dienstleistung auf der neuen Plattform darstellen.

▶ **Definition** Entsprechend zu digitalen **Kryptowährungen** bildet eine **Wallet** die **digitale Geldbörse.** Hier wird der Krypto-Besitz auf dem eigenen Rechner zu Hause, auf einem USB-Stick, einem mobilen Gerät oder bei einem über das Internet verbundenen Drittanbieter gespeichert. Im Vergleich zu einem unverschlüsselten Speichern, wie auf einer Cloud oder gar auf der eigenen Festplatte, bieten alle **Wallet**-Varianten ein gewisses Maß an **Sicherheit** (vgl. Platzer 2014, S. 27 ff.).

Die Möglichkeit, einen Handel „on-chain" über einen Smart Contract durchzuführen, war vor der Entwicklung von Ethereum nicht möglich. Die über Ethereum generierten Tokens heißen **Ether** und werden benötigt, um einen Smart Contract auf die Ethereum Blockchain zu schreiben; ferner dient Ether auch als eigene Kryptowährung.

In einigen Fällen bestehen zum Zeitpunkt des ICOs selbst noch keine Tokens, da es noch keine technische Realisierung gibt. In diesem Fall werden im Rahmen eines **Private Sale** sogenannte SAFTs („Simple Agreement for Future Tokens") an die Investoren ausgestellt, die einen Anspruch auf eine entsprechende Anzahl von Tokens zusichern, sobald die Tokens technisch generiert worden sind (Ehrsam 2016).

▶ **Definition** Der Begriff **Kryptowährung** wird oft als Synonym zu „digitaler Währung" verwendet. Im Grunde genommen sagt er aber nur aus, dass die Währung mithilfe kryptografischer Maßnahmen (Blockchain) verschlüsselt wird. Als bekanntestes Beispiel ist hier der **Bitcoin** zu nennen. Die Kryptowährungen entspringen der Bewegung gegen die tradierten Währungen (Fiatgeld), die von nationalen Wirtschaften und Regierungen ausgegeben werden (Ross 2016).

1.1 ICO als moderne Art der Finanzierung

Initial Coin Offerings sind zu einer sehr beliebten Finanzierungsform für auf der Blockchaintechnologie basierende Projekte geworden. So wurden alleine in 2017 Investments in Höhe von 4,6 Mrd. US$ durch ICOs eingeworben. Verglichen zu 0,2 Mrd. US$ in 2016 stellt dies eine 23-fache Steigerung dar (Diemers, D. 2017).

Der Begriff des Initial Coin Offering (auch „**Token Sale**" oder „**Token Generating Event**") lehnt sich an den Begriff des Initial Public Offerings (IPO) an – also einem Börsengang – da hier anstatt Aktien sogenannte „**Tokens**" emittiert werden, die aber eine andere Funktion und Struktur als herkömmliche Aktien haben. Die begriffliche Annäherung durch die Bezeichnung „ICO" kann den Eindruck entstehen lassen, ICOs seien mit Aktienemissionen vergleichbar. Das ist aber weder technisch noch rechtlich der Fall (BaFin 2017, S. 16). Während der limitierten Zeitspanne eines ICOs werden Teile dieser Krypto-Token meist im Austausch für andere Kryptowährungen (zum aktuellen Zeitpunkt meist Ether oder Bitcoin) oder für eine herkömmliche Währung (Fiatgeld) verkauft.

Die rein digitale Veräußerung von Tokens ermöglicht potenziellen Interessenten, frühzeitig an dem Projekt und seinen (oft erst künftigen) Produkten („Utilities") teilzuhaben, ohne eine unmittelbare (rechtliche) Beziehung zu dem Unternehmen selbst zu begründen. Investoren haben über die ausgegebenen Tokens ferner Zugang zu einer (theoretisch) liquiden Anlage (McLain 2018), da die Tokens einerseits auf einschlägigen Handelsplattformen gegen andere Kryptowährungen eingetauscht werden können („Fungibilität") und andererseits die Gründer über die Liquidität der selbst einbehaltenen Tokens zusätzlich zu den aus dem Token-Sale erwirtschafteten Mitteln verfügen können. Im Ergebnis handelt es sich hierbei demnach um ein „**Double-Fundraising**"-Event (Little 2017).

1.2   Grundlagen eines ICOs

Ein Initial Coin Offering bietet (Start-up-) Unternehmen eine neue Finanzierungsform, die sich bereits seit den Jahren 2016 und 2017 zunehmender Beliebtheit erfreut und sich für verschiedene Unternehmen zu einer bevorzugten Methode der Projekt- und Unternehmensfinanzierung entwickelte. Mit dem „Bitcoin Boom" zum Jahresende 2017 wurde der ICO auch einer breiteren Öffentlichkeit bekannt. Das erste Unternehmen, das einen ICO zur Projektfinanzierung nutzte, war Mastercoin. Hier investierten rund 500 Investoren fast 500.000 US$ (Koenig 2017).

Die rein digitale Investorenakquise generiert für Unternehmen eine überdurchschnittlich große Reichweite (McKie 2017). Jedoch sollte sich jedes Start-up die Frage stellen, ob die Tokens, die im Zuge des ICO ausgegeben wurden, auch sinnvoll in das Produkt bzw. das Geschäftsmodell integriert werden können. Falls nämlich der einzige Zweck der Emission der Eigenhandel der Tokens selbst ist, kann der Wert der Tokens nach Abschluss des ICO fallen. Überhaupt wird es schwer, Folgeinvestoren für ein rein tokenbasiertes Geschäftsmodell ohne operativen Mehrwert zu finden. Da ein Token ab dem Zeitpunkt der Emission unter einen massiven spekulativen Druck kommen kann, muss das dahinterstehende Geschäftsmodell von echtem Nutzen sein, um eine entsprechende Nachhaltigkeit der Nachfrage auf dem Markt zu generieren.

Daher ist es wichtig, dass Start-up-Unternehmen nur dann einen ICO in Betracht ziehen, wenn die **Tokens** selbst ein **integraler Bestandteil des Produktes** sind, also das Geschäftsmodell des Unternehmens idealerweise auch selbst auf einer Blockchain basiert.

Im Gegensatz zu einer Aktie stellt ein Token weder Eigenkapital da, noch vermittelt er gesellschaftsrechtlich eine Gesellschafterstellung oder irgendwelche Rechte unmittelbar an den vom Unternehmen gehaltenen Vermögenswerten (Hildner und Danzmann 2017, S. 389). Abhängig von der Ausgestaltung des Tokens stehen dem Inhaber daher allenfalls Rechte gegen die die Tokens emittierende Gesellschaft und nicht an der Gesellschaft selbst zu (Hildner und Danzmann aaO). Da das Aktienrecht demnach auf einen ICO keine Anwendung findet, müssen Tokens weder Mitgliedschafts-, noch Informations-, Kontroll- oder Stimmrechte vorsehen. Das Unternehmen kann somit vollkommen frei darüber entscheiden, welche Rechte oder Ansprüche den Investoren durch die Tokens eingeräumt werden.

Grundsätzlich gestaltet sich ein Token Sale entsprechend der in Abb. 1.1 dargestellten Schritte:

Vor allem die traditionelle Venture Capital-Finanzierung (VC) kann mit einem ICO als alternative Finanzierungsform bei blockchainbasierten Geschäftsmodellen strukturell nur schwer konkurrieren (vgl. Kharpal 2017). Jedoch sind auch Hybrid-Modelle zwischen traditioneller VC-Finanzierung und innovativem Initial Coin Offering denkbar (Diemers 2017). Auf diese Weise können Gründer ihren potenziellen Investoren nach einer erfolgreichen Seed-Finanzierung mit Venture Capital bereits ein geprüftes Konzept oder einen Prototyp (**„Minimum Viable Product"**) präsentieren und so idealerweise aufgrund erster „Traction" (*„proof of business concept"*) eine höhere Seriosität und Vertrauen vor und während des ICOs herstellen. Dies gilt umso mehr, als dass in der Praxis viele ICOs allein auf einem Whitepaper (vgl. hierzu unten Abschn. 3.2) und der dort dargestellten Hypothese einer theoretischen Problemlösung basieren. Das erhöht das Risiko der Investoren, ihr für den Erwerb der Tokens eingesetztes Kapital in ein konzeptionell unausgereiftes Projekt zu investieren. Die Kombination der Aufnahme von Venture Capital und einem sich erst nach dem *proof of business concept* anschließendem Initial Coin Offering kann daher die langfristig nachhaltigere Variante sein.

▶ Im Rahmen eines Pre-ICOs kann bspw. ein größerer Teil (Paket) an Tokens unmittelbar an VCs oder andere institutionelle Investoren veräußert werden. Dies dient insbesondere dazu, den Wert der Tokens zu stabilisieren und die „Credibility" des gesamten ICOs zu erhöhen.

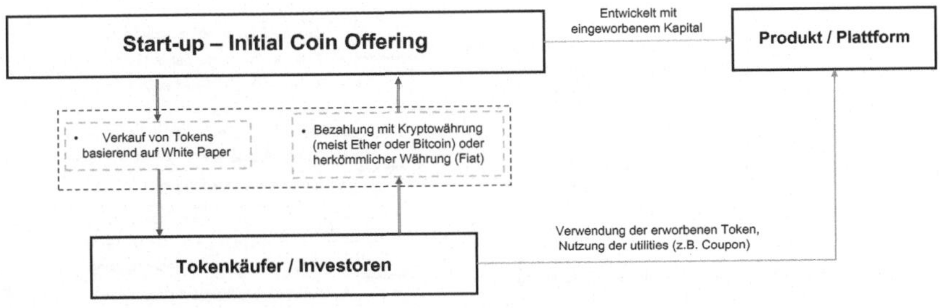

Abb. 1.1 Ablauf eines ICOs

1.3   Unterschiede zu anderen Finanzierungsformen

Der Erfolg eines ICOs hängt entscheidend von der ihn flankierenden Marketing-kampagne ab. Hier teilt ein Initial Coin Offering einige Gemeinsamkeiten mit dem Marketing eines Crowdfundings, wobei ein ICO im Gegensatz zum Crowdfunding oft keine nationale Beschränkung hat. Wie beim Crowdfunding (vgl. hierzu ausführlich: Hahn 2014, S. 172 ff.) gilt es auch bei einem ICO, eine möglichst große Anzahl privater Investoren über digitale Kanäle vom Erfolg des Geschäfts-modells zu überzeugen.

Der wesentliche Unterschied zum Crowdfunding besteht jedoch in der Ausgabe der Tokens, die zugleich auf einer Kryptohandelsplattform handelbar sind. Der Wert der Tokens steigt und fällt dabei meist mit dem Erfolg der über die Tokens verknüpften Produkte des Unternehmens. Beim Crowdfunding hingegen wird das eingeworbene Kapital über verschiedene rechtliche Strukturen (Hahn 2014, S. 180 ff.) mittelbar (z. B. in Form partiarischer Darlehen) dem Unternehmen selbst zugeführt und sodann für die dort angebotenen oder zu entwickelnden Pro-dukte verwendet. Schließlich kommt das bei einer Venture Kapital-Finanzierung eingeworbene Kapital als Eigenkapital unmittelbar dem Unternehmen selbst (Hahn 2014, S. 132 f.) zugute. Zu den Gemeinsamkeiten und Unterscheiden eines ICOs zu anderen Finanzierungsformen vgl. auch die nachfolgende Abb. 1.2:

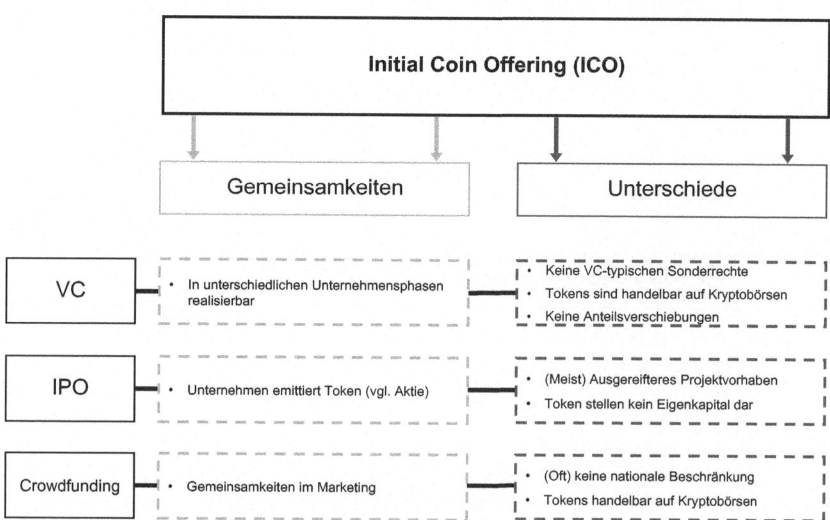

Abb. 1.2 Vergleich Gemeinsamkeiten und Unterschiede

1.4   Vorteile und Nachteile eines ICOs

Da sich die **Finanzierung** über ein ICO schon strukturell von klassischen Finanzierungsmodellen unterscheidet, bestehen hier auch gänzlich **neue Vorteile** und **Nachteile** im Vergleich zur klassischen Kapitalaufnahme. Jedes Unternehmen sollte diese Vorteile und Risiken vorab abwägen und nur dann den Weg über ein ICO begehen, wenn die Vorteile klar überwiegen.

Als einer der größten Vorteile lässt sich im Unterschied zu den meisten **Finanzierungsformen** in der Early Stage erkennen, dass (meistens) **keine direkten Anteile** („equity") an dem Unternehmen an Investoren abgegeben sowie diesen auch keine VC-üblichen Sonderrechte (vgl. dazu ausführlich Hahn 2015, S. 19 ff.) zugestanden werden müssen. Die Investoren erwerben (meistens) einen Token als **„Coupon"** für eine Gegenleistung des Produktes bzw. der Dienstleistung des Unternehmens. Das hat den indirekten Vorteil, dass die Kapitalgeber wirklich an der positiven **Entwicklung** („crowd support") der zugrunde liegenden Idee überzeugt sind (Rosic 2017).

Zugleich hat das Unternehmen mit den Erwerbern der Tokens erste bzw. zusätzliche User bzw. Kunden, die ihre **Tokens** unmittelbar für die Inanspruchnahme des Produktes bzw. der angebotenen Dienstleistung verwenden werden. Aufgrund der daraus resultierenden Erfahrungen kann das Unternehmen prüfen, ob dessen Produkte überhaupt ein relevantes Problem für einen genügend großen Absatzmarkt lösen (sog. „Product/Market Fit"). Dies wiederum trägt unmittelbar zur Nachhaltigkeit des gesamten Unternehmens bei und sichert eine nachhaltige Equity Story.

Allerdings muss sich jedes Unternehmen verdeutlichen, dass ein ICO von Beginn an das gesamte Unternehmen in die **Öffentlichkeit** trägt, was mit einem hohen (Erwartungs-)Druck von außen und einer besonders kritischen Betrachtung des Geschäftsmodells einhergehen kann. Jeder Schritt wird im Detail von der interessierten Öffentlichkeit verfolgt, sodass jeglicher Fortschritt wie auch jede Stagnation eine direkte Auswirkung auf den **Token-Wert** haben.

Ein weiterer Vorteil liegt darin, dass sich ein ICO trotz der erforderlichen intensiven Vorbereitung schneller realisieren lässt, als viele andere Finanzierungsvarianten und zugleich eine bedeutend höhere Reichweite infolge der rein digitalen Ansprache potenzieller Kapitalgeber hat. Ferner sind Initial Coin Offerings nur selten national beschränkt.

Als Nachteil ist schließlich festzuhalten, dass ungeachtet dessen, dass einige Tokens vergangener ICOs bereits eine **hohe Rendite** erbracht haben, aufgrund der medialen Präsenz von ICOs und einiger medienwirksamer Erfolgsgeschichten auch der Reiz für **ungewollte Spekulanten steigt.** Eine Übersicht über die Vor- und Nachteile eines ICOs gibt die nachfolgende Abb. 1.3:

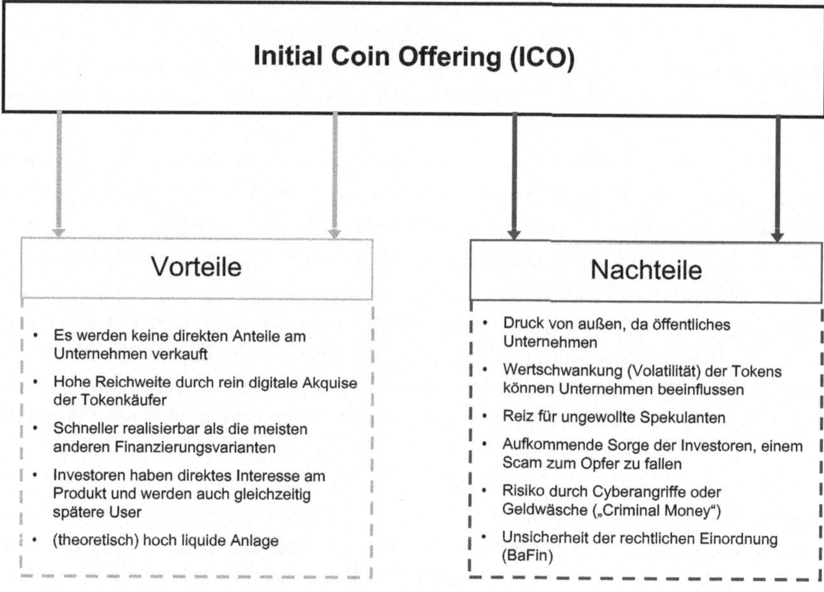

Abb. 1.3   Vor- und Nachteile eines ICOs

ICO-Tokens und ihre Funktion

2

Abhängig von seiner individuellen **Gestaltung** kann der ausgegebene **Token** verschiedene Funktionen erfüllen. Zum Beispiel kann der Token für einen **digitalen Anteil** an dem Projekt stehen und Voraussetzung dafür sein, um die Funktionen („utilities") der (späteren) **Blockchain-Plattform** nutzen zu können. In diesem Fall kann ein **Token** bspw. einen „Coupon" für eine konkrete Dienstleistung darstellen. Aber auch die Gestaltung des Tokens als Anteil am Ergebnis des Unternehmens („equity token") ähnlich einer Aktie ist grundsätzlich denkbar, wenngleich rechtlich in Deutschland nur unter Beachtung besonderer Voraussetzungen im Legal Token Design möglich (vgl. hierzu unten Abschn. 2.2.4). Die schier grenzenlosen Gestaltungsmöglichkeiten eines Tokens machen das Initial Coin Offering zwar so interessant, allerdings führt die jeweilige inhaltliche Ausgestaltung des Tokens unmittelbar zu unterschiedlichen rechtlichen Folgen seiner aufsichtsrechtlichen Einordnung.

Die inhaltliche und konzeptionelle Gestaltung des Tokens ist einer der wichtigsten Schritte der Vorbereitung eines ICOs, denn nur auf Grundlage der jeweiligen Tokenstruktur

- kann der Token juristisch und steuerlich beurteilt werden;
- kann der ICO rechtskonform gestaltet werden;
- kann die technische Realisierung auf der Blockchain erfolgen;
- lässt sich der Business Case angemessen im White Paper darstellen sowie
- lassen sich die Features des Tokens abbilden und so der Mehrwert für Investoren erkennen.

© Springer Fachmedien Wiesbaden GmbH, ein Teil von Springer Nature 2018
C. Hahn und A. Wons, *Initial Coin Offering (ICO)*, essentials,
https://doi.org/10.1007/978-3-658-21787-7_2

▶   Die Konzipierung der Token selbst ist einer der wichtigsten, wenn nicht gar der wichtigste Schritt eines ICOs. Entscheidend ist hier nicht etwa die Bezeichnung der Tokens, sondern die tatsächliche Gestaltung ihrer Funktionen und Rechte.

2.1 Typologie von Token

Grundsätzlich lassen sich Tokens in vier verschiedene Typen (vgl. auch Abb. 2.1) einteilen, die wiederum im Einzelfall unterschiedliche rechtliche und steuerliche Folgen nach sich ziehen:

2.1.1 Utility Token

Ein **Utility Token** hat eine bestimmte Funktionalität („utility") innerhalb eines Blockchain-basierten Netzwerkes oder einer Plattform. Der Utility-Token stellt die am häufigsten verwendete Form im Rahmen von ICOs emittierter Tokens dar, weil sich der konkrete Nutzen des Tokens für den Investor und somit für seine Kaufentscheidung deutlich darstellen lässt. Des Weiteren hat der Token als integraler Bestandteil der Plattform selbst eine unmittelbare Funktionalität für die dort angebotenen Produkte und/oder Dienstleistungen und generiert somit einen erkennbaren Mehrwert.

2.1.2 Equity Token

Ein **Equity Token** weist wertpapier- bzw. eigenkapitalähnliche Züge, vergleichbar einer Aktie oder einer Unternehmensbeteiligung auf. Der **Equity Token** ist somit ein Vehikel zur Investition in das Unternehmen selbst, oft mit Gewinnbeteiligung und Mitsprache- und Beteiligungsrechten innerhalb des Unternehmens.

2.1.3 Digitale Währung

Unter einem Token von Typus **„Digitale Währung"** (auch „Kryptowährung" oder „virtuelle Währung") versteht man ein rein digitales Wertaufbewahrungsmittel. Er ist eine „digitale Abbildung von Wert, der nicht von einer Zentralbank oder Behörde geschaffen wird und auch keine Verbindung zu gesetzlichen Zahlungsmitteln haben muss" (BaFin 2016).

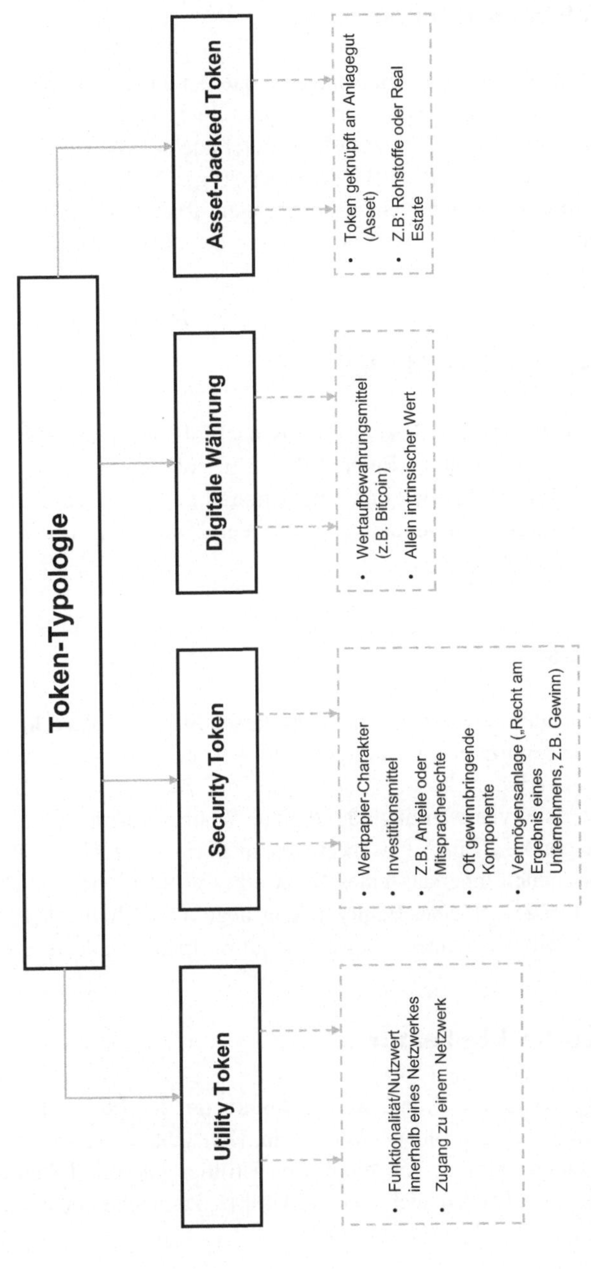

Abb. 2.1 Token-Typologie

2.1.4 Asset-backed Token

Ein **Asset-backed Token** ist an ein Anlagegut oder an einen Aktivposten geknüpft und verkörpert einen „Anspruch" auf das jeweilige Asset (z. B. Gold, andere Rohstoffe oder Immobilien). Er kann Anlagegüter auch auf Mikroebene für Investoren zugänglich machen (z. B. 0,01 Windräder), (vgl. Cameron-Huff 2017).

Über die Einordnung unter einen bestimmten Tokentypus hinaus sind auch **hybride Token** denkbar, die zwei oder mehrere der oben aufgeführten Kriterien in sich vereinen.

2.2 Token-Analyse Modell

Zur besseren Gestaltung der Tokens ist das nachfolgend unter Abb. 2.2 dargestellte Modell zu durchlaufen (Euler 2018). Ein solches Vorgehen hilft einerseits dabei, den Token inhaltlich und konzeptionell zu definieren, und dient zum anderen der besseren Kommunikation sowie der Darstellung des Tokens nach außen.

2.2.1 Purpose

Der **Purpose** des emittierten Tokens definiert dessen **Sinn und Zweck.** Auch wenn sich eine genaue Grenzziehung aufgrund der Vielzahl praktischer Anwendungsbeispiele oftmals verbietet, lässt sich der Zweck des Tokens grob in **drei Kategorien** einordnen: als Kryptowährung oder digitale Währung dient ein Token als rein **digitaler Wertspeicher.** Ein Netzwerk-Token in Form eines Utility-Tokens wird hingegen hauptsächlich innerhalb eines Netzwerkes genutzt, wie zum Beispiel als **Zugangsrecht.** Der Zweck eines Equity-Tokens liegt in der Möglichkeit, den Token als **Investitionsvehikel** zu nutzen und weist somit wertpapierähnliche Züge auf.

2.2.2 Token-Rechte/Features

Mit am wichtigsten ist die Frage, welche **konkreten Rechte und Utilities** die Tokens für ihren jeweiligen Inhaber vermitteln. Hier gibt es, wie bereits erwähnt, eine fast grenzenlose Vielfalt von möglichen Utilities, die ein Token aufweisen kann. Ein Token kann ebenso auch mehrere Utilities zugleich beinhalten. Eine der

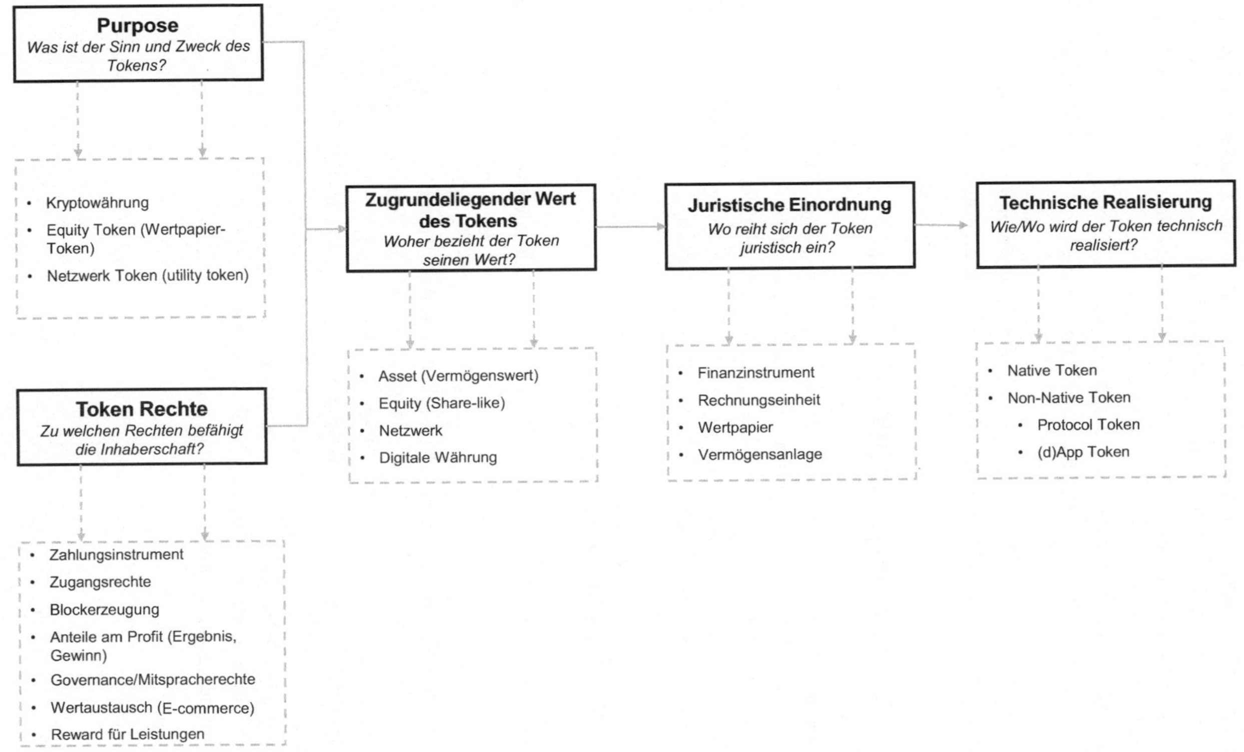

Abb. 2.2 Token-Analyse-Modell

gängigsten und bekanntesten Rechte ist die Funktion als **Zahlungsinstrument,** wobei der Token entweder als Währung innerhalb der Plattform oder des Netzwerkes dient oder als digitaler Voucher als Wertaustauschmittel auf z. B. verbundenen E-Commerce Plattformen eingesetzt werden kann.

Der Token kann weiter auch ein **Zugangsrecht** verkörpern oder als virtueller Schlüssel zu einer Plattform/Applikation dienen (bspw. im Sinne einer Softwarelizenz).

Wertpapierähnliche Züge weist der Token auf, wenn er zu einer Teilhabe am Ergebnis eines Unternehmens oder zur Mitsprache berechtigt.

2.2.3 Zugrunde liegender Wert des Tokens

Jeder Token bezieht seinen Wert aus der Kombination seines Purposes (s. Abschn. 2.2.1) und den dem Token zugrunde liegenden Rechten (s. Abschn. 2.2.2). Dabei kann es sich entweder um ein physisches Asset handeln oder um virtuelle Werte, wie Netzwerkeffekte bzw. um den auf Grundlage der angebotenen Produkte und/oder Dienstleistungen sich ergebenden Wert des Netzwerkes selbst.

2.2.4 Technische Realisierung

Aus technischer Perspektive lässt sich ein Token als „native token" oder als „non-native token" realisieren. Ein **„native token"** ist ein Token, der direkt aus einer neuen Blockchain entspringt. Beispiele sind BTC im Bitcoin-Netzwerk oder Ether im Ethereum-Netzwerk. Ein **„non-native token"** kann sowohl auf der Protokollebene (Protocol Token) als auch auf der Applikationsebene (**(d) App Token**) realisiert werden. Vor allem die Möglichkeit der (d)Apps, Tokens zu emittieren und Applikationen auf Basis einer bereits bestehenden Blockchain zu erzeugen, ist ein Anreiz für viele ICOs und ist in diesem Umfang erst mit der Erfindung der Ethereum Blockchain entstanden. Zu erwähnen ist hier insbesondere der offizielle **Ethereum-Standard ERC-20,** der Drittanbietern ermöglicht, Informationen genauer auszulesen und Transaktionen durchzuführen.

2.3   Tokentypus und rechtliche Betrachtung

Die Bestimmung der konkreten Rechte und Utilities des Tokens hat unmittelbaren Einfluss auf die rechtliche Einordnung **(Legal Token Design)**. Entscheidend ist hierbei nicht seine Bezeichnung, sondern die Frage, welche konkreten Rechte und Pflichten der Token seinem Inhaber tatsächlich gewährt. Als Faustformel gilt hier, dass ein Token umso wahrscheinlicher den aufsichtsrechtlichen Anforderungen unterfällt, je mehr Rechte er seinem Inhaber über eine bloße netzwerkinterne Funktionalität („plain vanilla") hinaus gewährt. Oder umgekehrt formuliert: **„je weniger Rechte, desto weniger rechtliche Regulierung"**. Es ist daher unerlässlich, das Token Design mithilfe der in Abb. 2.3 dargestellten Kriterien sorgfältig zu hinterfragen:

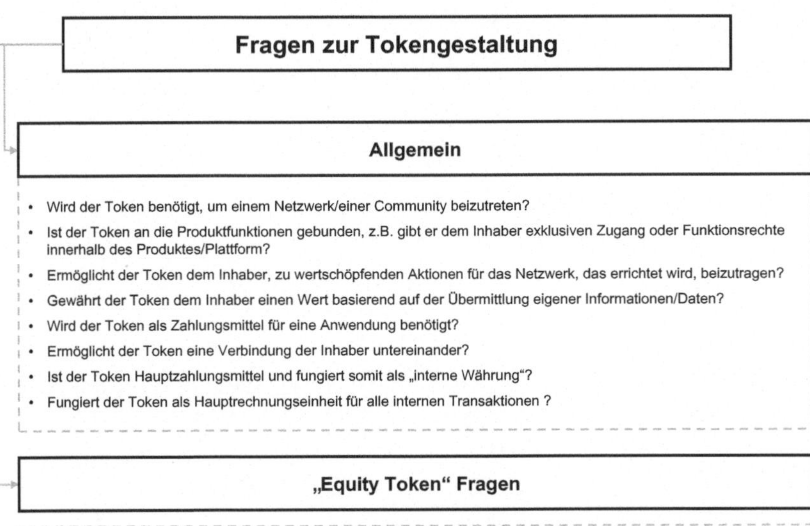

Abb. 2.3 Token-Fragen

Umsetzung des ICOs

3

3.1 Vorbereitung des ICOs

Die Vorbereitung eines ICOs sollte von den Abb. 3.1 genannten Kriterien geprägt sein:

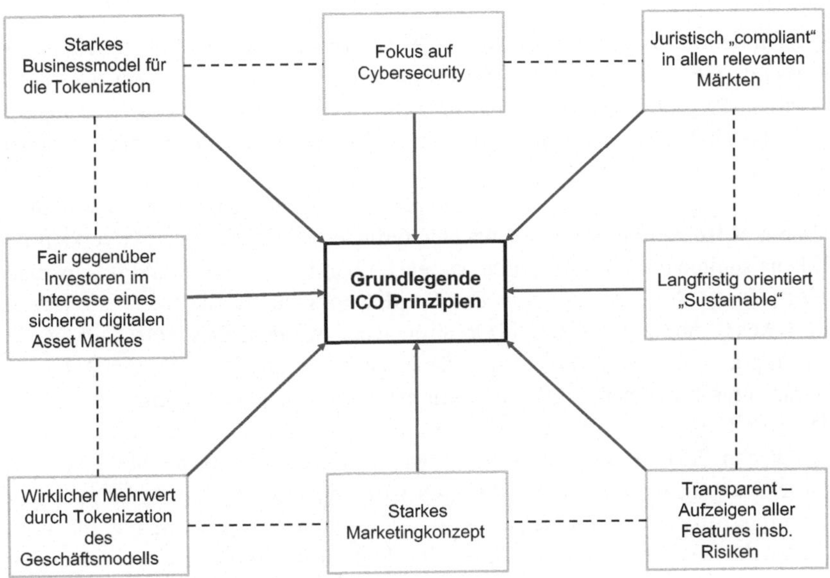

Abb. 3.1 ICO Prinzipien

3.1.1 Projektteam

Die Basis eines jeden Unternehmens, und somit auch eines erfolgreichen ICOs, bildet das hinter dem Vorhaben stehende Team. Es ist daher wesentlich, ein starkes Projektteam mit (idealerweise) internen oder externen Personen aufzubauen. Folgende Kompetenzfelder sollten vom Projekt- bzw. Gründungsteam im Idealfall abgedeckt sein (vgl. auch Fintech Association of Hong Kong 2017):

1. Projektmanagement
2. Business Development
3. IT-Knowledge (Blockchain, Smart Contracts)
4. Websiteentwicklung
5. Token Sale Advisory; Marketing und Public Relations
6. Juristische Beratung
7. Tax und Accounting

3.1.2 Hard Cap/Soft Cap

Je nach dem erforderlichen Investitionsbedarf ist der über den Token Sale einzuwerbende Gesamtkapitalbetrag, der erforderlich ist, um die mit dem ICO beabsichtigen Projektziele umzusetzen, festzulegen. Nur wenn dieser Betrag logisch und plausibel ist, erreicht man die notwendige Authentizität gegenüber seinen potenziellen Investoren.

Zwar besteht gleichwohl die Möglichkeit, einen offenen Token Sale durchzuführen, es ist aber aus den vorgenannten Gründen zu empfehlen, den Verkauf der Tokens summenmäßig nach unten wie nach oben hin mit einem „Soft Cap" und/ oder „Hard Cap" zu begrenzen. Ein **Hard Cap** steht für die maximale Anzahl an Tokens, die während des ICOs ausgegeben werden. Das **Soft Cap** wiederum repräsentiert eine Marke unter dem Hard Cap und steht für den Minimalbetrag aller Investments, der für einen erfolgreichen ICO benötigt wird. Sollte das Soft Cap nicht erreicht werden, sehen die jeweiligen Terms & Conditions (S. Abschn. 3.3) in der Praxis meist vor, dass die Tokens an die Investoren zurückübertragen werden. Des Weiteren ist es wichtig, dass auch der Preis und die Preisstruktur eines Tokens sowie der konkrete Erwerbsvorgang (über die Wallet des Käufers selbst oder über eine Plattform) der Tokens klar ist und so einfach wie möglich und zugleich transparent für den User gehalten werden.

3.1.3 Mittelverwendung

Im White Paper ist weiter ausführlich zur konkreten Verwendung der über den ICO eingeworbenen Mittel Stellung zu nehmen. Je detailreicher und nachvollziehbarer der Plan der Mittelverwendung im White Paper abgebildet wird, desto mehr Vertrauen wird zu den potenziellen Tokenkäufern aufgebaut.

3.1.4 Marketing

Da ein ICO rein digital abläuft und sich an einen unbestimmten und (theoretisch) unbegrenzten Personenkreis richtet, hängt der Projekterfolg fundamental von der für den ICO gewählten Marketingstrategie und den konkreten Marketingmaßnahmen ab. Es ist daher wichtig, bereits frühzeitig eine eigene Community („**Community Building**") rund um das Projekt aufzubauen, die mit Beginn des ICOs über verschiedene Kanäle (z. B. Reddit, Telegram) mit Informationen versorgt werden und mit dem Projekt vertraut gemacht werden kann. Das Marketing beansprucht oft einen Großteil der Pre-ICO Kosten und sollte auf mehreren Kanälen erfolgen.

Dazu gehören insbesondere (Shilov 2018):

- Telegram, WhatsApp
- ICO Listings und Ratings das Listen des ICOs auf verschiedenen einschlägigen Websites (wie bspw. Coinschedule oder ICO-List) und die Bewertung durch ICO-Ratingagenturen (wie bspw. ICOrating der ICObench)
- Eventmarketing
- PR
- Foren (z. B. Reddit oder Bitcointalk).

3.1.5 Cybersecurity

Die Geschwindigkeit und die Größe des schnell voranschreitenden ICO Marktes zieht insbesondere auch Hacker an. Da Gründer meist sehr fokussiert auf das Projekt und potenzielle Investoren sind, rückt die Sicherheit des technischen ICOs-Prozesses oftmals in den Hintergrund. Vor allem das Nichtvorhandensein einer zentralen Autorität, die Irreversibilität der Blockchain-Transaktionen und

das oft herrschende Informationschaos sind jedoch attraktiv für Hacker und führ-
ten in der Vergangenheit zu einem Verlust von bis zu 10 % der ICO-Erlöse durch
Hackerangriffe (EY 2017). Zu den häufigsten Hackerangriffen gehören bspw. das
Ersetzen von Wallet-Adressen, Zugriff auf „Private Keys" der Wallet der Token-
inhaber oder der Diebstahl der Erlöse von Wallets sowie von Handelsplattformen.
Neben dem direkten Verlust der Erlöse droht jedoch vielmehr noch der indirekte
Verlust der Reputation des ICOs selbst (EY 2017). Deswegen sollte auch der
Aspekt der Cybersecurity bei der Vorbereitung des ICOs vertieft berücksichtigt
werden und prioritär in die Planung eingehen (Djeredjian 2018).

3.2   Whitepaper

Eine strukturierte und sorgfältige Planung des ICOs (s. hierzu auch Abb. 3.2) ist
unerlässlich. Die Gründer sollten sich deswegen von Beginn an Klarheit darüber
verschaffen, was sie mit dem ICO konkret erreichen wollen. Dies betrifft insbesondere Punkte wie die Anzahl der auszugebenden Tokens oder die Laufzeit des
ICOs ebenso wie die Festlegung von Soft Cap und Hard Cap, also des jeweiligen einzuwerbenden Mindest- und Höchstbetrages (s. Abschn. 3.1.2). Nachdem
alle wesentlichen Fragen geklärt sind, werden die Parameter des ICOs in einem
Schlüsseldokument für die potenziellen Interessenten, dem sog. **White Paper,**
zusammengefasst.

Das White Paper ist der „Verkaufsprospekt" des ICOs, auf dessen Grundlage
Investoren sich entscheiden, ob sie in das Projekt investieren. Es stellt neben dem
Geschäftsmodell die Struktur des jeweiligen ICOs dar und nimmt zu seinem technischen wie rechtlichen Ablauf Stellung. Dies macht das White Paper zu einem
essentiellen Baustein für einen erfolgreichen ICO. Nur auf Basis eines sorgfältig erstellten White Papers kann sich ein potenzieller Interessent eine informierte
Entscheidung bezüglich eines Investments erlauben. Das White Paper beschreibt
das Produkt zwar nicht in aller technischen Tiefe, was zum Kopieren verleiten
könnte, sondern ist mehr als eine Art Business Plan bzw. erweitertes Pitch Deck
zu sehen, das die Produktvorgänge genau beschreibt, das Team vorstellt, die Ent-
wicklungs-Roadmap diskutiert und die Bedingungen der Tokenausgabe erklärt.
Zusätzlich zu einem ausgefeilten Business Plan bzw. Pitch Deck (vgl. hierzu
Hahn 2014, § 6.2) sollten folgende Themen aufgeführt werden (Chapin 2017,
Kap. „Writing a White Paper"):

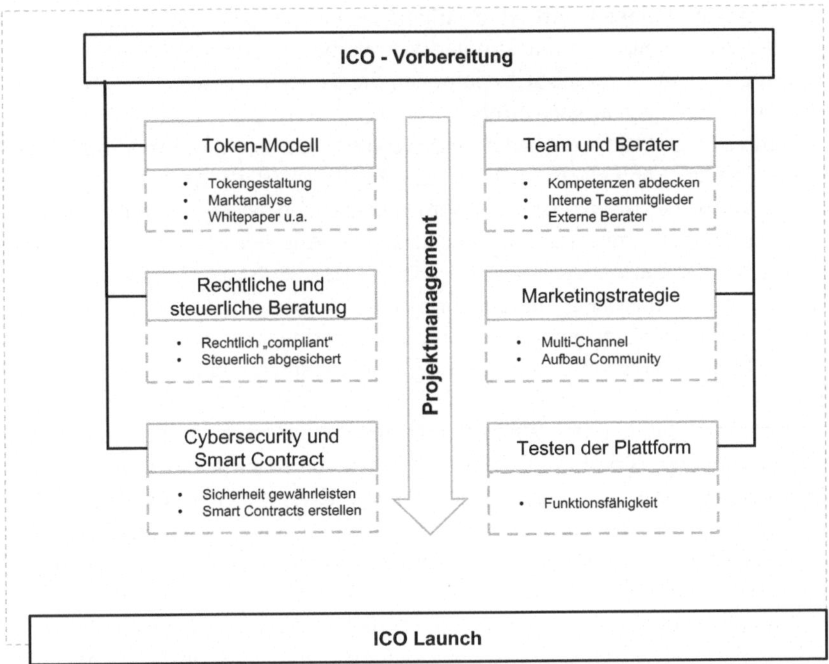

Abb. 3.2 ICO-Planung

3.2.1 Token Beschreibung

Die Wichtigkeit des Tokens und seiner Struktur für den ICO wurde bereits oben (s. Kap. 2) angesprochen. Im White Paper ist nunmehr ausführlich darauf einzugehen, welchen konkreten Nutzen der Token hat und weshalb gerade die „on chain"- Variante bzw. die **„tokenization" des Geschäftsmodells** einen **Mehrwert** darstellt. Zur strukturierten Vorgehensweise empfiehlt es sich, die bereits oben unter Abb. 2.3 dargestellten Fragen zu beantworten (Mougayar 2017).

3.2.2 Token Ausgabe, Bedingungen und Teilnahme

Beim Ablauf des ICOs sind die Modalitäten sowie der Teilnehmerkreis, der zum Kauf der Tokens zugelassen ist, darzustellen. Aus rechtlichen Gründen sind hier unbedingt bestimmte Einschränkungen aufzunehmen (vgl. unten Abschn. 5.6).

Ferner ist der **Smart Contract** detailliert zu beschreiben. Der Smart Contract legt insoweit anhand deterministischer (also vorbestimmter und unveränderbarer) Algorithmen fest, zu welchen Konditionen die Relation zwischen eingeworbener Mittel und der Tokenausgabe erfolgt.

Weitere Fragen, die beantwortet werden sollten, sind bspw., wie viele Tokens ausgegeben werden, ob es verschiedene Ausgabephasen (Pre-ICO) geben wird, über welche Kanäle die Tokens erstanden werden können, ob die Tokens danach auf einer Tokenhandelspalttform gelistet sind und detaillierte Angaben zur Mittelverwendung.

Das White Paper bildet insoweit eine wichtige Basis für die zukünftige Beziehung zwischen dem Unternehmen und den Tokeninhabern als Investoren. Umso detaillierter hier gearbeitet wird, umso geringer ist die Gefahr für Missverständnisse und somit auch für mögliche rechtliche Implikationen zu den Investoren.

Nach Fertigstellung des White Papers empfiehlt es sich, dieses zunächst mit Experten aus der Kryptowelt durchzusprechen, da es nach der offiziellen Veröffentlichung direkt für einen unbestimmten Kreis potenzieller Interessenten zugänglich ist und demnach Fehler bzw. Ungereimtheiten schnell auffallen. Des Weiteren können unabhängige Dritte oftmals interessanten Input beisteuern und haben einen anderen Blickwinkel.

Zusätzlich sollte sich jedes Start-up rechtlichen Rat in der Planung von einem in ICO-Prozessen erfahrenen Experten einholen, da gerade in Deutschland die Sanktionen für einen unrechtmäßigen, weil gegen aufsichtsrechtliche Vorschriften verstoßenden, ICO immens sein können (s. unten Kap. 5).

▶ **Definition** In einem **White Paper** werden die **Rahmenbedingungen** des **ICO** festgehalten und veröffentlicht. Das White Paper soll Entwicklern und potenziellen Investoren zeigen, wie die Plattform funktionieren soll, aber auch wie das „**on chain**"-**Business Modell** aussieht. Letztlich entscheiden Investoren auf Basis des **White Papers,** ob sie an dem ICO teilnehmen oder nicht. Ein gut ausgearbeitetes **White Paper** ist daher wesentlich.

3.3 Terms & Conditions

Die Terms & Conditions stellen nach deutschem Rechtsverständnis die **Allgemeinen Geschäftsbedingungen** und somit den **rechtlichen Rahmen des ICOs** dar. In ihnen werden die grundlegenden rechtlichen Abläufe aufgeführt ebenso wie die grundsätzliche Risikoverteilung der Parteien festgelegt.

Die Terms & Conditions werden gegenüber den Tokenkäufern nur dann wirksam, wenn diese die Möglichkeit haben, von Ihnen auch tatsächlich Kenntnis zu nehmen. Die sorgfältige Erstellung beinhaltet auch andere juristische Fragen, wie bspw. das Vorhandensein einer wirksamen Widerrufsbelehrung.

3.4 Token Offering Document (TOD)

Im **Token Offering Document (TOD)** wird ausführlich zur **rechtlichen Struktur der Token selbst** und zu allen mit den Tokens zusammenhängenden rechtlichen Fragestellungen Bezug genommen. Hier sollten sich neben Angaben zu den Funktionalitäten des Tokens und zur rechtstechnischen Umsetzung der Tokenausgabe umfassende Informationen etwa zum Umtauschverhältnis von Fiat-/Kryptowährung in die Tokens finden. Ein weiterer Schwerpunkt ist auf eine genügende Risikoaufklärung („Disclaimer") der Tokenkäufer zu legen.

Das TOD ist im Zusammenspiel mit den übrigen Dokumenten maßgeblich für die Einschätzung der BaFin (s. Abschn. 5.5), ob es sich bei den Tokens um einen equity oder utility token handelt und somit für die gesamte Zulässigkeit des ICOs.

Zeitpunkt und Ablauf eines ICOs

4

4.1 Zeitpunkt eines ICOs

Grundsätzlich kann ein ICO zu unterschiedlichen Zeitpunkten in den verschiedenen Unternehmensphasen der Early Stages bis hin zu den Expansion Stages (s. auch Abb. 4.1) stattfinden.

Abb. 4.1 Zeitpunkt eines ICOs

C. Hahn und A. Wons, *Initial Coin Offering (ICO)*, essentials,
https://doi.org/10.1007/978-3-658-21787-7_4

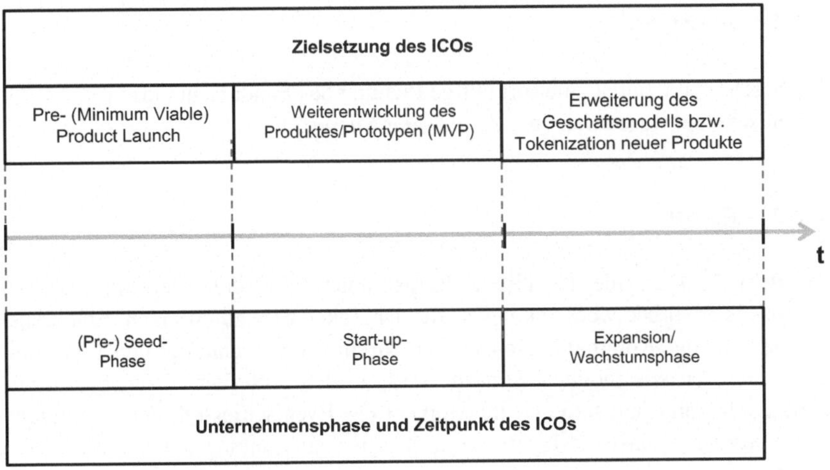

Er kann durchgeführt werden,

- bevor das Unternehmen ein Produkt gelauncht hat (Pre-Seed/Seed-Phase),
- zur Weiterentwicklung eines Produktes/Prototypen (MVP) (Start-up-Phase) oder
- zur Erweiterung des Geschäftsmodells bzw. Tokenization/Launch neuer Produkte und Utilities (Expansion Stage).

4.2   Phasen eines ICOs

Die eigentliche Durchführung des ICO selbst und somit seines Ablaufs lässt sich wie in Abb. 4.2 dargestellt in drei grobe Phasen einteilen:

1. Planung,
2. Event,
3. Post-ICO.

4.2.1   Planung

Wie beschrieben, bildet eine sorgfältige Planung das Fundament eines jeden ICOs und entscheidet wesentlich über Erfolg oder Misserfolg.

4.2.2   Event

Vor dem ICO ist die technische Infrastruktur (also die Plattform, auf der die Tokens erworben werden können) für den Token Sale zu errichten. Eine transparente und enge Kommunikation ist hier extrem wichtig, damit es den Tokenkäufern so einfach wie möglich gemacht wird, an dem Offering teilzunehmen. Die **Wallet** sollte angelegt sein und im Moment des Eventstartes mit der Community geteilt werden, sodass die Investoren z. B. Ether als Zahlungsmittel transferieren können.

Nach einem erfolgreich durchgeführten ICO sind die Tokens entsprechend des jeweils investierten Betrages auf die Wallets der Tokenkäufer zu verteilen. Es empfiehlt sich, in dem White Paper Angaben zu den sicher unterstützen Wallets zu machen, damit es später zu keinen Komplikationen kommt.

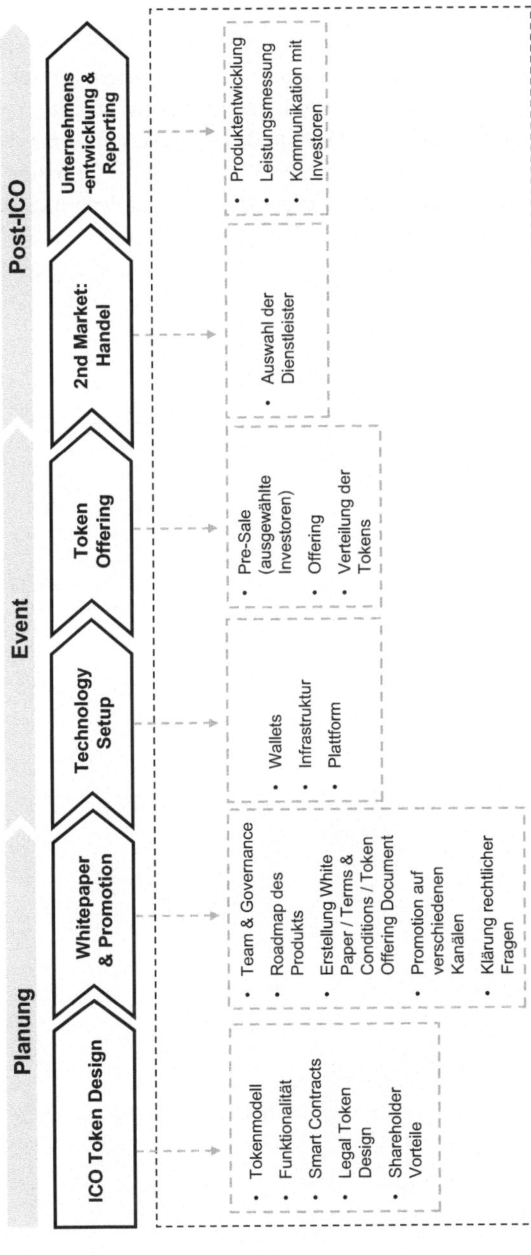

Abb. 4.2 Lebenszyklus eines ICOs

4.2.3 Post-ICO

Ist der ICO erfolgreich gewesen, können die erworbenen Mittel, wie in dem White Paper beschrieben, in die Produktentwicklung investiert werden. Die Investoren sollten stets über den Verlauf des Projektes informiert werden und stetige Kommunikation auf verschiedenen Kanälen aufrechterhalten bleiben. Des Weiteren sollten die Tokens auf den ausgewählten Kryptowährungsbörsen gelistet werden, damit mit ihnen gehandelt werden kann.

Rechtliche Gestaltung eines ICOs 5

Ein **rechtmäßiger ICO** ist nach der derzeitigen Rechtslage bei entsprechender **Vorbereitung** und rechtskonformer Strukturierung der Tokens auch in Deutschland möglich. Entscheidend sind hier ferner die rechtliche Gestaltung des White Papers und insbesondere die Terms & Conditions des Token Sales.

Da es sich bei reinen Utility-Tokens (s. Abschn. 2.1.1) regelmäßig nicht um Wertpapiere handelt, finden die Regelungen des (strengen) Wertpapierprospektgesetzes grundsätzlich keine Anwendung. Allerdings können je nach der konkreten Ausgestaltung des ICOs andere Vorschriften zur Anwendung kommen.

> **Wichtig** Wer einen ICO rechtswidrig betreibt, riskiert **Ordnungsgelder** oder **Strafen** bis hin zu Freiheitsstrafen (§ 54 KWG). Auch drohen erhebliche **Schadensersatzforderungen,** falls für Wertverluste der Tokens Ausgleichszahlungen an die Investoren geleistet werden müssen. Werden zudem noch gesetzlich vorgegebene **Verbraucherwiderrufsrechte** nicht berücksichtigt, können Investoren den Kauf der Tokens noch Monate später widerrufen und rückabwickeln lassen.

Die Bundesanstalt für Finanzdienstleistungsaufsicht **(BaFin)** entscheidet hierbei im **Einzelfall** anhand der konkreten vertraglichen Ausgestaltung eines ICOs, ob der Anbieter eine Erlaubnis nach dem Kreditwesengesetz (KWG), dem Kapitalanlagegesetzbuch (KAGB) oder dem Zahlungsdiensteaufsichtsgesetz (ZAG) benötigt und ob er Prospektpflichten (bspw. nach dem Vermögensanlagengesetz (VermAnlG) einzuhalten hat (BaFin 2017, S. 18).

Es ist daher von wesentlicher Bedeutung, einen **ICO** vorab mit rechtlichen Experten zu **strukturieren** und ggf. vorab mit der BaFin abzustimmen. Nachfolgend werden die rechtlichen Grundlagen eines ICOs grob skizziert. Grundsätzlich ist hier zwischen **Erlaubnis- und Prospektpflichten** zu unterscheiden.

© Springer Fachmedien Wiesbaden GmbH, ein Teil von Springer Nature 2018
C. Hahn und A. Wons, *Initial Coin Offering (ICO)*, essentials,
https://doi.org/10.1007/978-3-658-21787-7_5

5.1   Erlaubnispflicht nach KWG

Voraussetzung für eine Erlaubnispflicht nach § 32 Abs. 1 S. 1 KWG ist, dass das Unternehmen, das die Tokens emittiert, im Inland gewerbsmäßig oder in einem kaufmännischen Umfang Bankgeschäfte betreibt, wodurch es als Kreditinstitut zu qualifizieren wäre, und/oder Finanzdienstleistungen erbringt, was zu einer Einordnung als Finanzdienstleistungsinstitut führen würde. Bankgeschäfte sind die in § 1 Abs. 1 KWG genannten Geschäfte, Finanzdienstleistungen die in § 1 Abs. 1a KWG genannten Dienstleistungen. Die Aufzählungen sind dabei jeweils als abschließend zu verstehen. Eine analoge oder entsprechende Anwendung kommt aufgrund der Strafbarkeit eines Verstoßes gegen die Erlaubnispflicht (§ 54 Abs. 1 KWG) nicht in Betracht.

5.1.1   Tokens als Rechnungseinheiten i. S. d. KWG

Die Tokens stellen in aller Regel **Finanzinstrumente in der Form von Rechnungseinheiten** im Sinne des § 1 Abs. 11 Nr. 7 Alt. 2 KWG dar.

Rechnungseinheiten sind dabei Devisen, die keine gesetzlichen Zahlungsmittel sind, gleichgestellt. Hierzu zählen nach Ansicht der BaFin (BaFin, Merkblatt Finanzinstrumente 2013; Münzer 2014, S. 27) auch privatrechtlich ausgegebene Komplementärwährungen, namentlich Bitcoins und andere digitale Zahlungsmittel. Die währungsrechtliche Zulässigkeit solcher „Nebengelder" ist für die Einstufung als Finanzinstrument im Sinne des § 1 Abs. 11 KWG ebenfalls unerheblich.

Voraussetzung für die Einordnung einer Komplementärwährung als Finanzinstrument ist laut Ansicht der BaFin aber, dass diese Einheiten „mit Devisen vergleichbar sind und nicht auf gesetzliche Zahlungsmittel lauten" (also bspw. nicht in EUR oder US$ ausgestellt sind). Hierunter fallen Werteinheiten, die die Funktion von privaten Zahlungsmitteln bei Ringtauschgeschäften haben, sowie jede andere Ersatzwährung, die aufgrund privatrechtlicher Vereinbarungen als Zahlungsmittel in multilateralen Verrechnungskreisen eingesetzt wird. Auf einen zentralen Emittenten kommt es hierbei nicht an (Münzer 2014, S. 27; ähnlich: BaFin 2016).

Der bloße Verkauf bzw. die Ausgabe (Emission) von Rechnungseinheiten ist je nach der konkreten Ausgestaltung der Tokens grundsätzlich ohne Erlaubnis möglich. Besonderen Anforderungen unterliegt hingegen der Vertrieb von bzw. die Schaffung einer Vertriebsstruktur (**Plattform**) für Finanzinstrumente dessen Ausübung als ein nach § 32 Abs. 1 KWG erlaubnispflichtiges Bankgeschäft eine Lizenzierung als Kreditinstitut erfordern würde.

5.1.2 Eigenhandel (§ 1 Abs. 1a S. 2 Nr. 4 KWG)

Im Zuge des ICOs tauscht ein Anbieter die Tokens und somit Finanzinstrumente i. S. d. § 1 Abs. 11 Nr. 7 Alt. 2 KWG gegen andere Kryptowährungen, die ebenfalls Finanzinstrumente i. S. d. § 1 Abs 11 Nr. 7 Alt. 2 KWG sind, ein.

Hierbei könnte das Unternehmen den sog. erlaubnispflichtigen **Eigenhandel** i. S. d. § 1 Abs. 1a S. 2 Nr. 4 KWG betreiben.

Wegen des weiten Begriffsverständnisses der BaFin hinsichtlich des Tatbestandsmerkmals Anschaffen bzw. Veräußern, wozu diese insbesondere auch Tauschgeschäfte fasst (BaFin 2017a), wäre der **ICO als eine Anschaffung und Veräußerung von Finanzinstrumenten** zu sehen. Jedoch müsste zusätzlich eine bestimmte Dienstleistungskomponente hinzutreten, damit dieses Geschäft als Eigenhandel einzustufen ist.

Nach Ansicht der BaFin zeichnet sich das Tatbestandsmerkmal „Dienstleistung für andere" i. S. d. § 1 Abs. 1a S. 2 Nr. 4 lit. c) KWG durch eine besondere Beziehung des Eigenhändlers zum Kunden aus, dem dieser als Dienstleister gegenübertritt. Charakteristisch sei hierbei regelmäßig ein Ungleichgewicht zwischen Eigenhändler und Kunden, das sich dadurch auszeichne, dass der Eigenhändler den besseren Zugang zu dem Markt hat, auf dem er agiert, um sich für das Geschäft mit dem Kunden einzudecken oder die aus dem Kundengeschäft resultierende offene Position zu schließen oder dem Kunden überhaupt erst den Zugang zu dem Markt zu verschaffen, der diesem ansonsten verschlossen bliebe.

Hierfür könnte im Falle des ICOs nur sprechen, dass das Unternehmen – jedenfalls zu diesem Zeitpunkt – über die wohl größte Menge von Tokens verfügt und ein eigenes Ecosystem für die Tokens erst gebildet werden soll. Jedoch wird hierdurch nicht der Zugang zu einem Markt als solchen gewährt, sondern lediglich der Zugang zu einem bestimmten „Produkt" – in diesem Fall einer bestimmten Kryptowährung.

Zudem dürfte darüber hinaus auch eine zeitliche Komponente zu fordern sein. Dies zeigt sich insbesondere an den Tatbestandsalternativen nach § 1 Abs. 1a S. 2 Nr. 4 lit. a) und lit. b) KWG, die das „kontinuierliche Anbieten" bzw. das „häufige organisierte und systematische Betreiben von Handel" voraussetzen. Letzteres setzt nach Ansicht der BaFin voraus, dass der **Handel nach im Voraus geplanten, sich wiederholenden Abläufen** vorgenommen wird; „häufig" sei demnach i. S. v. nicht nur gelegentlich zu verstehen (BaFin 2017a).

Speziell für den Fall des Verkaufs von Kryptowährungen hat die BaFin ebenfalls die Ansicht vertreten, dass ein Eigenhandel dann anzunehmen sei, wenn zumindest damit geworben wird, „regelmäßig" entsprechende Währungen anzukaufen bzw. zu verkaufen. Eine solche Regelmäßigkeit bzw. Häufigkeit oder Kontinuität dürfte jedoch im Falle eines ICOs nicht vorliegen, da es sich um eine einmalige, zeitlich eng begrenzte Veräußerung von Tokens bzw. Anschaffung von Bitcoin oder Ether handelt.

▶ **Wichtig** Letztlich spricht daher vieles dafür, den ICO als bloßen Tausch virtueller Währungen anzusehen, der auch nach den bisherigen Äußerungen der BaFin grundsätzlich keiner Erlaubnis bedarf.

Gleichwohl ist hierbei zu berücksichtigen, dass es sich um eine rechtliche Grauzone handelt. Es liegt weder Rechtsprechung vor, noch hat sich die BaFin bislang verbindlich geäußert, wie ICOs aus ihrer Sicht konkret rechtlich zu qualifizieren sind. Auch hat sich bislang keine gefestigte Literaturmeinung zur rechtlichen Einordnung eines ICOs gebildet.

5.1.3   Finanzkommissionsgeschäft (§ 1 Abs. 1 S. 2 Nr. 4 KWG)

Die gewerbliche Anschaffung und die Veräußerung von Tokens im eigenen Namen für fremde Rechnungen umfasst den Tatbestand des Finanzkommissionsgeschäfts (§ 1 Abs. 1 S. 2 Nr. 4 KWG).

Das Finanzkommissionsgeschäft würde ein nach § 32 Abs. 1 KWG erlaubnispflichtiges Bankgeschäft darstellen, dessen Ausübung die Lizenzierung durch die BaFin erfordert.

Wie schon beim Eigenhandel (s. o. Abschn. 5.1.2) dürfte das Unternehmen, um eine entsprechende Erlaubnispflicht zu vermeiden, auch hier nicht „im eigenen Namen" handeln, sondern müsste in offener Stellvertretung, also im fremden Namen, auftreten (hierbei wäre ggf. jedoch wiederum der Tatbestand der Abschlussvermittlung i. S. d. § 1 Abs. 1a S. 2 Nr. 2 KWG erfüllt).

Um nicht das Finanzkommissionsgeschäft (und auch nicht den Eigenhandel oder die Abschlussvermittlung) zu betreiben, dürfte demnach **keine Anschaffung oder Veräußerung (wirtschaftlich) fremder Tokens** seitens des den ICO durchführenden Unternehmens erfolgen. Als Anschaffung ist insbesondere der Kauf oder der Abschluss kaufähnlicher Verträge anzusehen. Um eine Veräußerung von Tokens als Finanzinstrumente handelt es sich, wenn das Eigentum bzw. die Inhaberschaft an ihnen durch Rechtsgeschäft unter Lebenden auf einen anderen übertragen wird (BaFin 2017a).

5.1.4   Anlagevermittlung (§ 1 Abs. 1a S. 2 Nr. 1 KWG)

Bei Plattform-basierten Tokenmodellen ist der Tatbestand der Anlagevermittlung denkbar.

Die Anlagevermittlung ist eine erlaubnispflichtige Finanzdienstleistung, die eine Lizenzierung als Finanzdienstleistungs- oder Kreditinstitut erfordert.

Unter den Tatbestand der Anlagevermittlung fällt gemäß § 1 Abs. 1a S. 2 Nr. 1 KWG die Vermittlung von Geschäften über die Anschaffung und die Veräußerung von Finanzinstrumenten.

Als Finanzinstrumente zählen neben den Rechnungseinheiten (s. o. Abschn. 5.1.1) gemäß § 1 Abs. 11 Nr. 2 KWG unter anderem Vermögensanlagen i. S. d. § 1 Abs. 2 VermAnlG, wozu insbesondere Anteile, die eine Beteiligung am Ergebnis eines Unternehmens gewähren und sonstige Anlagen, die eine Verzinsung und Rückzahlung im Austausch für die zeitweise Überlassung von Geld gewähren oder in Aussicht stellen, zählen.

Vermittlung i. S. v. § 1 Abs. 1a S. 2 Nr. 1 KWG meint – wie bei § 34c GewO – das zielgerichtete Fördern der Abschlussbereitschaft des Anlegers, damit dieser ein Geschäft über die Anschaffung und die Veräußerung von Finanzinstrumenten mit einem Dritten abschließt. Die Anlagevermittlung erbringt demnach auch derjenige, der bewusst und final auf einen Anleger einwirkt, damit dieser ein Geschäft über die Anschaffung oder über die Veräußerung von Finanzinstrumenten abschließt (BGH, Urteil vom 5.12.2013 – III ZR 73/12, juris). Die BaFin geht in diesem Zusammenhang davon aus, dass derjenige, der einem Anleger solche Geschäfte vorstellt, weil er mit dem vorgesehenen Vertragspartner eine Provisionsvereinbarung geschlossen hat, in der Regel bewusst und final versucht, die Abschlussbereitschaft des Anlegers herbeizuführen (BaFin 2017b).

Unter Zugrundelegung der Gesetzesmaterialien (Bundestags-Drucksache Nr. 13/7142, S. 65) und der entsprechenden Vorgaben der Europäischen Finanzmarktrichtlinie (Anhang I Abschnitt A Nr. 1 RL 2004/39/EG) wird als Vermittlungstätigkeit auch die Weiterleitung der Willenserklärung eines Anlegers, die auf die Anschaffung oder die Veräußerung von Finanzinstrumenten gerichtet ist, an denjenigen, mit dem der Anleger ein solches Geschäft abschließen will, verstanden. Vermittler kann mithin auch derjenige sein, der lediglich als Bote fungiert, wobei die BaFin nicht nach der Übermittlungsform (mündlich, schriftlich, elektronisch) differenziert. Entsprechend versteht sie unter Vermittlung in diesem Sinne ausdrücklich auch das Zurverfügungstellen eines EDV-Systems (also einer digitalen Plattform), „durch das auf die Anschaffung oder die Veräußerung von Finanzinstrumenten gerichtete Willenserklärungen des Anlegers an potenzielle Vertragspartner weitergeleitet werden".

5.1.5 Multilaterales Handelssystem (§ 1 Abs. 1a) Nr. 1b) KWG)

Des Weiteren kann die Plattform, über die die Tokens vertrieben werden oder deren Zugang im Rahmen eines ICOs gewährt wird, die Tatbestandsmerkmale eines multilateralen Handelssystems (§ 1 Abs. 1a S. 2 Nr. 1b KWG) erfüllen. In der Praxis dürfte dies meist bereits nach dem Sinn und Zweck des Geschäftsmodells ausscheiden.

Hiervon erfasst sind EDV-Systeme, bei denen das Interesse einer Vielzahl von Personen am Kauf und Verkauf von Finanzinstrumenten nach einem festen Regelwerk zusammengeführt wird (Matching). Den Vertragsparteien würde demnach kein Entscheidungsspielraum dahin gehend verbleiben, ob sie das Geschäft mit einem bestimmten Vertragspartner abschließen möchten oder nicht (BaFin 2013).

5.1.6 Angebot „im Inland" i. S. d. § 32 Abs. 1 S. 1 KWG

Sicher kann eine Erlaubnispflicht nach KWG nur dadurch vermieden werden, dass der ICO nicht „im Inland" i. S. d. § 32 Abs. 1 S. 1 KWG betrieben wird. Hierbei ist jedoch zu beachten, dass die BaFin einen Geschäftsbetrieb im Inland nur dann nicht annimmt (BaFin 2005), wenn:

- der Erbringer der Dienstleistung seinen **Sitz oder gewöhnlichen Aufenthalt im Ausland** hat <u>und</u>
- sich **nicht zielgerichtet an den deutschen Markt** wendet.

Ein zielgerichtetes Richten an den deutschen Markt wird bei Internetangeboten insbesondere dann angenommen, wenn sich ein Unternehmen durch spezielle Angaben bzw. aktive Werbemaßnahmen im Internet zielgerichtet den deutschen Markt erschließt, um seine Bank- und/oder Finanzdienstleistungen anzubieten.

Die Ausrichtung einer Website wird dabei auf Grundlage des Inhalts der Homepage bzw. der Online-Aktivitäten im Rahmen einer Gesamtbetrachtung ermittelt. Als Indizien für die Beurteilung gelten dabei u. a. die Domainkennzeichnung, Sprache, Produktbeschreibung, Finanz- oder sonstige länderspezifische Kundeninformationen und rechtliche Rahmenbedingungen, Preisangaben und Zahlungsmodalitäten sowie die Nennung deutscher Ansprechpartner (BaFin 2005).

Hinsichtlich eines ICOs dürfte ein zielgerichtetes Angebot an den deutschen Markt mithin nur dann zu verneinen sein, wenn **sämtliche ICO-Unterlagen**

und Marketingmaßnahmen, die sich auf den ICO beziehen, **nicht in deutscher Sprache** verfügbar gemacht werden und auch inhaltlich **keine** eindeutigen **Bezüge speziell zum deutschen Markt** enthalten.

▶ Unternehmen und Personen, die den Erwerb von Tokens vermitteln, Tokens gewerblich an- oder verkaufen oder Zweitmarktplattformen betreiben, auf denen Tokens gehandelt werden, benötigen vorab grundsätzlich einer Erlaubnis der BaFin. Es hängt vom jeweiligen Einzelfall ab, ob ein ICO dem Aufsichtsrecht unterfällt. Die rechtmäßige Durchführung eines ICO ist allerdings bei entsprechender Vorbereitung in Deutschland möglich.

5.2   Erlaubnispflicht nach ZAG

Die Ausgabe von E-Geld wäre eine nach §§ 8, 8a ZAG erlaubnispflichtige Tätigkeit, die allein Zahlungs- und E-Geld-Instituten vorbehalten ist.

5.2.1   Token als E-Geld (§ 1a Abs. 3 ZAG)

Gemäß § 1a Abs. 3 ZAG ist E-Geld jeder elektronisch gespeicherte monetäre Wert in Form einer Forderung gegenüber dem Emittenten, der gegen Zahlung eines Geldbetrages ausgestellt wird, um damit Zahlungsvorgänge im Sinne des § 675 f. Abs. 3 S. 1 BGB durchzuführen, und der auch von anderen natürlichen oder juristischen Personen als dem Emittenten angenommen wird.

In der Regel scheidet eine Qualifikation als E-Geld bereits deshalb aus, da es üblicherweise keine zentrale Stelle als Emittent, der die Tokens, unter Begründung einer Forderung gegen sich, ausgibt (BaFin 2016).

Doch selbst wenn man den Anbieter eines ICOs aufgrund der Ausgabe von Tokens als Emittenten ansehen würde, fehlt es meist an einer Ausstellung „gegen Zahlung eines Geldbetrages".

Die BaFin vertritt in diesem Zusammenhang selbst die Auffassung, dass die bloße Möglichkeit, virtuelle Währungseinheiten auch durch die Zahlung eines Geldbetrages zu erwerben (etwa in Tauschbörsen o. ä.), nicht ausreichend ist; vielmehr muss dies die ausschließliche (ursprüngliche) Ausgabeform darstellen (BaFin 2011).

Der „Geldbetrag", gegen dessen Zahlung E-Geld ausgegeben wird, kann entsprechend der o. g. Definition wiederum nur Bar-, Buch- oder (anderes) E-Geld sein. E-Geld i. S. d. ZAG leitet sich daher immer von gesetzlichen Zahlungsmitteln oder anderem E-Geld i. S. d. ZAG ab.

Hieran fehlt es, da die Ausgabe der Tokens im Zuge des ICOs in der Regel gegen andere blockchainbasierte Währungen erfolgt, die eben gerade kein E-Geld darstellen (BaFin 2011).

Mithin kann festgehalten werden, dass die Tokens rechtlich weder als Bar- noch als Buch- oder E-Geld qualifiziert werden können und ihre Übertragung daher auch keine „Zahlung" i. S. d. ZAG darstellt. Dementsprechend scheidet eine Erlaubnispflichtigkeit nach § 8 ZAG regelmäßig aus, soweit es lediglich um die Übertragung der Tokens geht und ein Erwerb der Tokens nur mit anderer Kryptowährung möglich ist.

5.2.2 Finanztransfergeschäft (§ 1 Abs. 1 Nr. 6 ZAG)

Bei Geschäftsmodellen, bei denen das die Tokens ausgebende Unternehmen als Zahlungsdienstleister agiert, indem es das über den Tokenverkauf eingesammelte Kapital an Dritte weiterleitet, könnte ferner ein sog. Finanztransfergeschäft nach § 1 Abs. 1 Nr. 6 ZAG vorliegen.

§ 1 Abs. 2 Nr. 6 ZAG erfasst dabei grundsätzlich jeden Zahlungsvorgang, bei dem zwischen dem Zahlungsdienstleister und dem Empfänger keine kontenmäßige Beziehung begründet wird (Bundestags-Drucksache 16/11613, S. 35).

Als Finanztransfergeschäft gelten demnach alle Dienste, bei denen ohne Einrichtung eines Zahlungskontos auf den Namen eines Zahlers oder eines Zahlungsempfängers ein Geldbetrag des Zahlers ausschließlich zur Übermittlung eines entsprechenden Betrags an den Zahlungsempfänger oder an einen anderen, im Namen des Zahlungsempfängers handelnden Zahlungsdienstleister entgegengenommen wird oder bei dem der Geldbetrag im Namen des Zahlungsempfängers entgegengenommen und diesem verfügbar gemacht wird. Tatbestandsmäßig sind hierbei sowohl das Entgegennehmen und Übermitteln von Bar- als auch von Buchgeld im Auftrag des Zahlers oder des Zahlungsempfängers umfasst (BaFin 2011).

So hat das Landgericht Köln in der sog. Lieferheld-Entscheidung (LG Köln, Urteil vom 29.09.2011 – 81 O 91/11, BeckRS 2011, 23994) ein Finanztransfergeschäft i. S. d. § 1 Abs. 2 Nr. 6 ZAG darin gesehen, dass eine Internetplattform für die Vermittlung von Essensbestellungen die über PayPal oder SOFORT-Überweisung gezahlten Beträge für die Bestellungen zunächst selbst vereinnahmt und diese (abzüglich Gebühren) später an die Lieferanten ausgekehrt hat. Diese Auffassung wird von der BaFin (BaFin 2011) geteilt und ebenso auf Crowdfunding-Plattformen übertragen. Es ist daher nicht ausgeschlossen, dass diese Grundsätze entsprechend für einen ICO ebenso zur Anwendung kommen.

Sofern also das den ICO durchführende Unternehmen bspw. die Geldbeträge der Kapitalgeber zunächst selbst entgegennimmt (etwa durch Lastschrift oder Überweisung auf ein eigenes Zahlungskonto), um sie später (etwa nach Erreichen eines zuvor festgelegten Soft oder Hard Caps) gesammelt an einen Dritten auszuzahlen, dürfte die BaFin entsprechend der o. g. Maßstäbe das Vorliegen eines Finanztransfergeschäfts i. S. d. § 1 Abs. 2 Nr. 6 ZAG bejahen.

5.3 Erlaubnispflicht nach KAGB

Eine Erlaubnispflicht nach KAGB könnte sich nur ergeben, wenn einer der Beteiligten des ICOs als Investmentvermögen i. S. d. § 1 Abs. 1 S. 1 KAGB zu qualifizieren wäre. Nach der Vorschrift ist ein Investmentvermögen jeder „Organismus" für gemeinsame Anlagen, der von einer Anzahl von Anlegern Kapital einsammelt, um es gemäß einer festgelegten Anlagestrategie zum Nutzen dieser Anleger zu investieren und der kein operativ tätiges Unternehmen außerhalb des Finanzsektors ist.

Bei so gut wie allen Unternehmen, die einen ICO durchführen, wird es sich aber gerade um operativ tätige Unternehmen außerhalb des Finanzsektors handeln, sodass bereits aus diesem Grunde eine Regulierung nach dem KAGB ausscheiden dürfte:

Als operativ tätig sind insbesondere solche Unternehmen anzusehen, die Güter und Handelswaren produzieren, kaufen, verkaufen, tauschen oder sonstige Dienstleistungen außerhalb des Finanzsektors anbieten (BaFin 2015). Nach Auffassung der BaFin sind auch solche Unternehmen als operativ tätig anzusehen, die sich im Rahmen ihrer operativen Tätigkeit fremder Dienstleister oder gruppeninterner Gesellschaften bedienen, solange die unternehmerischen Entscheidungen im laufenden Geschäftsbetrieb durch die ausdrückliche Vereinbarung von Gestaltungs-, Lenkungs- und Weisungsrechten bei dem Unternehmen selbst verbleiben. Selbst wenn ein operatives Unternehmen zusätzlich zu der operativen Tätigkeit noch Investitionen zu Anlagezwecken tätigt (bspw. Anlage in andere Tokens, Teilnahme an anderen ICOs), sei dies unschädlich, solange diese lediglich untergeordnete Neben- oder Hilfstätigkeiten darstellen (vgl. BaFin 2015).

5.4 Prospektpflicht nach VermAnlG

Desweiteren könnten die **Tokens** als **Vermögensanlage** i. S. d. § 1 Abs. 2 VermAnlG (und somit als Finanzinstrument i. S. d. WpHG, vgl. unten Abschn. 5.5.) gelten, was eine **Prospektpflicht,** also die Pflicht zur Erstellung eines den gesetzlichen

Anforderungen entsprechenden Verkaufsprospekts, für das öffentliche Angebot von Tokens zur Folge haben würde. Darüber hinaus wäre ein sog. Vermögensanlageninformationsblatt (VIB) zu veröffentlichen.

In Betracht käme insoweit bspw. eine Einordnung als „Anteile, die eine Beteiligung am Ergebnis eines Unternehmens gewähren" (§ 1 Abs. 2 Nr. 1 VermAnlG). Als solche gilt eine längerfristige oder auf Dauer angelegte Beziehung (Anteil), die nicht nur eine Beteiligung am Gewinn, sondern auch am Verlust (Ergebnis) vorsieht.

Entscheidend ist in diesem Zusammenhang, wie die in einem ICO ausgegebenen Tokens tatsächlich und rechtlich ausgestaltet sind. Tokens, die dem Erwerber **keine weiteren Rechte als die Inhaberschaft selbst („Utility Token")** gewähren, dürften nicht als Vermögensanlagen i. S. d. VermAnlG einzuordnen sein, wohingegen zusätzliche Sonderrechte wie feste, an Hand vorab definierter Kriterien (bspw. Erreichen besonderer Unternehmenszahlen) bestimmte Ausschüttungen, zur Einordnung der Tokens (**„Equity Token"**) als Vermögensanlagen gem. § 1 Abs. 2 Nr. 1 VermAnlG führen könnten.

▶   Die tatsächlichen, den Investoren aus den Tokens zustehenden Rechte und ihre genaue Darstellung im White Paper bzw. in den Angebotsbedingungen sind somit wesentlich für die rechtliche Einordnung eines ICOs hinsichtlich einer möglichen Prospektpflicht.

5.5   Prospektpflicht nach WpPG

Die bei der Prospektpflicht nach VermAnlG angesprochene Differenzierung zwischen Utility- und Equity-Token ist grundsätzlich auch entscheidend bei der möglichen Einordnung der Tokens als Wertpapier i. S. d. WpPG (bzw. zugleich als Finanzinstrument i. S. d. WpHG) und demnach der Frage einer möglichen Prospektpflicht nach § 3 WpPG.

Voraussetzung dafür, dass ein Token als Wertpapier anzusehen ist, ist insbesondere (vgl. BaFin 2018)

- seine Übertragbarkeit,
- seine Handelbarkeit am Finanzmarkt bzw. Kapitalmarkt, wobei Kryptowährungs-Handelsplattformen nach Ansicht der BaFin grundsätzlich als Finanzmärkte bzw. Kapitalmärkte i. S. d. Wertpapier-Definition angesehen werden können;
- die Verkörperung von Rechten im Token, d. h. entweder Gesellschafterrechten oder schuldrechtlichen oder mit Gesellschafterrechten oder schuldrechtlichen

Ansprüchen vergleichbaren Ansprüchen, die im Token verkörpert sein müssen, und

- dass der Token nicht die Voraussetzungen eines Zahlungsinstruments (wie in § 2 Abs. 1 WpHG) erfüllt.

Zwar sind Tokens keine Wertpapiere im eigentlichen Sinne (hiervon sind nach § 2 Nr. 1 a) WpPG insbesondere „Aktien und andere Wertpapiere, die Aktien oder Anteilen an Kapitalgesellschaften oder anderen juristischen Personen vergleichbar sind" umfasst, anders jedoch die Ansicht der SEC (s. unten Abschn. 5.6). Allerdings definiert das Wertpapierhandelsgesetz (WpHG) die verschiedenen Wertpapierarten auch dann als Wertpapier, wenn für sie keine Urkunden ausgestellt sind und sie als Wertrechte auftreten (Gabler Wirtschaftslexikon, Stichwort: Wertpapier). Ausreichend ist hier, dass der Inhaber des Tokens, beispielsweise anhand der Distributed Ledger- oder Blockchain-Technologie oder anhand vergleichbarer Technologien, jeweils dokumentiert werden kann (BaFin 2018).

Ob ein Token diese Voraussetzungen erfüllt, kann nicht abstrakt beantwortet werden, sondern erfordert stets eine anhand der jeweiligen Umstände erfolgende Einzelfallprüfung (BaFin 2018). Entscheidend ist dabei die Ausgestaltung der in dem Token verkörperten Rechte. Die bloße Bezeichnung eines Tokens, beispielsweise als „Utility Token", ist für den Ausgang der rechtlichen Analyse für sich genommen unmaßgeblich (BaFin 2018).

5.6   Internationale Betrachtung

Im Nachgang zu der Entscheidung der US-Börsenaufsichtsbehörde **SEC** (United States Securities and Exchange Commission) im Juli 2017, wonach es sich bei Tokens um Wertpapiere („securities"), die somit der Regulierung der SEC unterfallen, handeln könne, haben im Anschluss die chinesischen und sodann auch südkoreanischen Aufsichtsbehörden ICOs verboten. Es bleibt hier die weitere Entwicklung abzuwarten, insbesondere vor dem Hintergrund einer (ausdrücklichen) Regulierung von ICOs.

Fragenkatalog zum ICO 6

Zur besseren Konzeption des ICOs wie auch als Anregung zur Gestaltung der Tokens empfiehlt es sich, die nachfolgend in Abb. 6.1 aufgeworfen Fragen zu beantworten.

> **Fazit**
>
> Das Initial Coin Offering (ICO) bietet (Start-up-)Unternehmen, deren Geschäftsmodell auf der Blockchain-Technologie basiert, eine innovative Finanzierungsmöglichkeit. Im Rahmen eines Token Sales veräußern Unternehmen digitale Anteile an ihrem Projekt oder Produkt. Die Tokens können nach dem Product Launch (meist) gegen Waren oder Dienstleistungen des Start-ups eingetauscht oder auf Krypto-Börsen gehandelt werden.
>
> Im Gegensatz zur klassischen VC-Finanzierung als Eigenkapitalfinanzierung werden bei einem ICO somit keine direkten Unternehmensanteile („equity") veräußert.
>
> Die Rechtslage um einen ICO ist in Deutschland nicht völlig klar; ein **rechtmäßiger ICO** ist allerdings bei entsprechender **Vorbereitung** und Strukturierung mit rechtlichen Experten auch in Deutschland möglich.

© Springer Fachmedien Wiesbaden GmbH, ein Teil von Springer Nature 2018   41
C. Hahn und A. Wons, *Initial Coin Offering (ICO)*, essentials,
https://doi.org/10.1007/978-3-658-21787-7_6

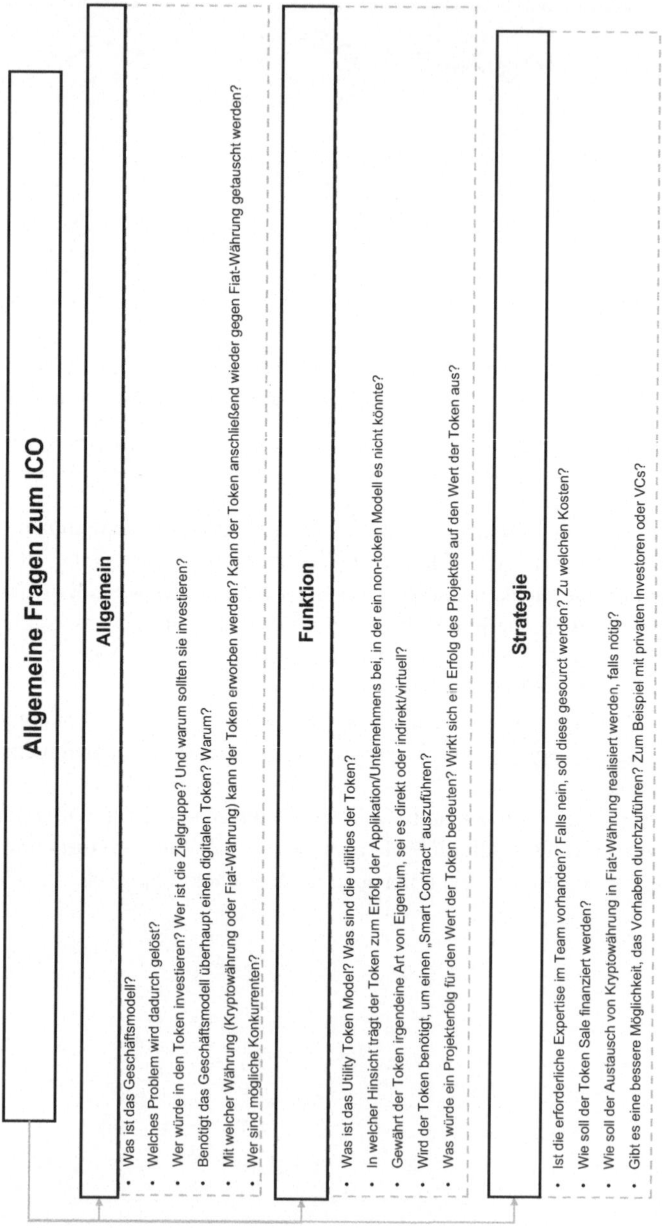

Abb. 6.1 Fragenkatalog

Was Sie aus diesem *essential* mitnehmen können

- Ein ICO bietet (Start-up-) Unternehmen eine innovative Möglichkeit der Kapitalaufnahme, die grundsätzlich mit vielen Vorteilen im Vergleich zu traditionellen Finanzierungsformen einhergeht. Zusammen mit einer abgestimmten Marketingstrategie erzielt ein ICO aufgrund der rein digital ablaufenden Ansprache von Investoren schnell große Reichweiten und vereinfacht die Prozesse und Strukturen zwischen Unternehmen und Kapitalgeber.
- Als einer der größten Vorteile eines ICOs lässt sich im Unterschied zu den meisten Finanzierungsformen erkennen, dass keine direkten Anteile („equity") an dem Unternehmen an Investoren abgegeben sowie diesen auch keine VC-üblichen Sonderrechte zugestanden werden müssen.
- Die Konzipierung der Tokens selbst ist einer der wichtigsten, wenn nicht gar der wichtigste Schritt eines ICOs. Entscheidend ist hier nicht etwa die Bezeichnung der Tokens, sondern die tatsächliche Gestaltung ihrer Funktionen und Rechte.
- Im White Paper werden die wirtschaftlichen Rahmenbedingungen des ICO festgehalten, wohingegen im Token Offering Document (TOD) ausführlich zur rechtlichen Struktur der Token selbst und zu allen mit den Tokens zusammenhängenden rechtlichen Fragestellungen Bezug genommen wird. Die Terms & Conditions regeln hingegen den rechtlichen Rahmen des ICOs insgesamt.
- Die Bestimmung der konkreten Rechte und Utilities des Tokens (Legal Token Design) hat unmittelbaren Einfluss auf die rechtliche Einordnung und somit die Zulässigkeit des ICOs selbst.
- Ein rechtmäßiger ICO ist nach der derzeitigen Rechtslage bei entsprechender Vorbereitung und rechtskonformer Strukturierung der Tokens auch in Deutschland möglich. Entscheidend sind hier die rechtliche Gestaltung des White Papers und insbesondere die Terms & Conditions des Token Sale.

C. Hahn und A. Wons, *Initial Coin Offering (ICO)*, essentials,
https://doi.org/10.1007/978-3-658-21787-7

Literatur

BaFin 2018, Hinweisschreiben (WA) vom 20.02.2018; GZ: WA 11-QB 4100-2017/0010 Aufsichtsrechtliche Einordnung von sog. Initial Coin Offerings (ICOs) zugrunde liegenden Token bzw. Kryptowährungen als Finanzinstrumente im Bereich der Wertpapieraufsicht.

BaFin 2017, *BaFin Journal November 2017*.

BaFin 2017a, Merkblatt – Hinweise zu den Tatbeständen des Eigenhandels und des Eigengeschäfts." vom 6. Juli 2017. Abrufbar unter: https://www.bafin.de/SharedDocs/Veroeffentlichungen/DE/Merkblatt/mb_110322_eigenhandel_eigengeschaeft_neu.html;jsessionid=728465C2ACCB28C1ECB315C65C2667A4.1_cid381?nn=9450978#doc-7866844bodyText4 (abgerufen am 01.03.2018).

BaFin 2017b, „Merkblatt Anlagevermittlung." vom 13. Juli 2017. Abrufbar unter: https://www.bafin.de/SharedDocs/Veroeffentlichungen/DE/Merkblatt/mb_091204_tatbestand_anlagevermittlung.html;jsessionid=2025F6D4E34AA9148646FD9C70B46204.1_cid290?nn=9450978#fn1 (abgerufen am 01.03.2018).

BaFin 2016, Merkblatt *„Virtuelle Währungen/Virtual Currency (VC)"* vom 28. April 2016. Abrufbar unter: https://www.bafin.de/DE/Aufsicht/FinTech/VirtualCurrency/virtual_currency_node.html (abgerufen am 01.03.2018).

BaFin 2015, „Auslegungsschreiben zum Anwendungsbereich des KAGB und zum Begriff des "Investmentvermögens"" vom 9. März 2015. Abrufbar unter: https://www.bafin.de/SharedDocs/Veroeffentlichungen/DE/Auslegungsentscheidung/WA/ae_130614_Anwendungsber_KAGB_begriff_invvermoegen.html;jsessionid=F3F67DED182BC-77C8BAFCB89FA9BFB54.1_cid372?nn=7851530 (abgerufen am 01.03.2018).

BaFin 2013, „Merkblatt multilaterales Handelssystem." vom 25. Juli 2013. Abrufbar unter: https://www.bafin.de/SharedDocs/Veroeffentlichungen/DE/Merkblatt/mb_091208_tatbestand_multilaterales_handelssystem.html (abgerufen am 01.03.2018).

BaFin 2011, „Merkblatt – zum Anwendungsbereich des Gesetzes über die Beaufsichtigung von Zahlungsdiensten (ZAG)." 22. Dezember 2011. Abrufbar unter: https://www.bafin.de/SharedDocs/Veroeffentlichungen/DE/Merkblatt/mb_111222_zag.html (abgerufen am 01.03.2018).

BaFin 2005, „Merkblatt zur Erlaubnispflicht von grenzüberschreitend betriebenen Geschäften." vom 1. April 2005. Abrufbar unter: https://www.bafin.de/SharedDocs/Veroeffentlichungen/DE/Merkblatt/mb_050401_grenzueberschreitend.html (abgerufen am 01.03.2018).

© Springer Fachmedien Wiesbaden GmbH, ein Teil von Springer Nature 2018   45
C. Hahn und A. Wons, *Initial Coin Offering (ICO)*, essentials,
https://doi.org/10.1007/978-3-658-21787-7

Cameron-Huff, A. 2017, *How Tokenization Is Putting Real-World Assets on Blockchains.* https://www.nasdaq.com/article/how-tokenization-is-putting-real-world-assets-on-block-chains-cm767952 (abgerufen am 01.03.2018).

Chapin, A. 2017, *Art of Initial Coin Offering: Lessons Learned from the Launch of a Crypto-Token,* (eBook).

Diemers, D. 2017, *Initial Coin Offerings – A strategic perspective: Global and Switzerland.* Abrufbar unter: https://cryptovalley.swiss/wp-content/uploads/20171221_PwC-S-CVA-ICO-Report_December_final.pdf.

Djeredjian, E. 2018, ICO Cybersecurity Best Practices: How to protect your ICO from hackers https://blockchainreview.io/ico-cybersecurity-best-practices/ (abgerufen am 01.03.2018).

Ehrsam, F. 2016, *How to Raise Money on a Blockchain with a Token* https://blog.gdax.com/how-to-raise-money-on-a-blockchain-with-a-token-510562c9cdfa (abgerufen am 01.03.2018).

Euler, T. 2018, *The Token Classification Framework: A multi-dimensional tool for understanding the classifying crypto tokens.* http://www.untitled-inc.com/the-token-classification-framework-a-multi-dimensional-tool-for-understanding-and-classifying-crypto-tokens/ (abgerufen am 01.03.2018).

EY 2017, *EY research: initial coin offerings (ICOs).* Abrufbar unter: http://www.ey.com/Publication/vwLUAssets/ey-research-initial-coin-offerings-icos/$File/ey-research-initial-coin-offerings-icos.pdf.

Fintech Association of Hong Kong 2017, *Best Practices for Token Sales.* Abrufbar unter: http://hkfintech.org/wp-content/uploads/2017/12/FTAHK-Best-Practices-for-Token-Sales-December-2017-final.pdf.

Gabler Wirtschaftslexikon, Springer Gabler Verlag (Herausgeber), Stichwort: Wertpapier, online im Internet: http://wirtschaftslexikon.gabler.de/Archiv/1354/wertpapier-v11.html.

Hahn, C. 2014, Finanzierung und Besteuerung von Start-up-Unternehmen, Springer Gabler Verlag, Wiesbaden.

Hahn, C. 2015, Der Beteiligungsvertrag, SpringerGabler Verlag, Wiesbaden.

Hildner, A., Danzmann, M. 2017, *Blockchain-Anwendungen für die Unternehmensfinanzierung*, Corporate Finance Nr. 11–12, 27.11.2017.

Kaulartz, M., Heckmann, J. 2016, *Smart Contracts – Anwendungen der Blockchain-Technologie.* Computer und Recht. 32(9): 618-624. Retrieved 11 Dec. 2017, from https://doi.org/10.9785/cr-2016-0923.

Kharpal, A. 2017, *Initial coin offerings have raised $1.2 billion and now surpass early stage VC funding.* https://www.cnbc.com/2017/08/09/initial-coin-offerings-surpass-early-stage-venture-capital-funding.html.

Koenig, A. 2017, *Cryptocoins – Investieren in digitale Währungen*, Finanzbuch Verlag.

Little, W. 2017, *A Primer on Blockchains, Protocols, and Token Sales* https://hackernoon.com/a-primer-on-blockchains-protocols-and-token-sales-9ebe117b5759 (abgerufen am 01.03.2018).

McLain, C. 2018, *Tokenization of Everything: How Token Will Create a More Liquid World.* https://masterthecrypto.com/tokenization-tokens-create-liquid-world/ (abgerufen am 01.03.2018).

McKie, S. 2017, *Investing in Tokens and Decentralized Business Models.* https://medium.com/blockchannel/investing-in-tokens-and-decentralized-business-models-e7629e-fa5d9b (abgerufen am 01.03.2018).

Mougayar, W. 2017, *Tokenomics – A Business Guide to Token Usage, Utility and Value*. http://startupmanagement.org/2017/06/10/tokenomics-a-business-guide-to-token-usage-utility-and-value/ (abgerufen am 01.03.2018).

Münzer, J. 2014, „Bitcoins: Aufsichtliche Bewertung und Risiken für Nutzer." BaFin Journal, Januar 2014: S. 26–30.

Platzer, J. 2014, *Bitcoin – kurz und gut*, O'Reilly Verlag, Köln.

Rosic, A. 2017, *ICO Pros & Cons: Cutting Through The Noise*. https://www.huffingtonpost.com/entry/ico-pros-cons-cutting-through-the-noise_us_595b7f22e4b-0c85b96c6646e.

Ross, A. 2016, *Die Wirtschaftswelt der Zukunft: Wie Fortschritt unser komplettes Leben umkrempeln wird Gebundene Ausgabe*, Plassen Verlag.

Shilov, K. 2018, What should your ICO marketing plan look like in 2018? https://hackernoon.com/what-should-your-ico-marketing-plan-look-like-in-2018-315135fe9851 (abgerufen am 01.03.2018).

Srinivasan, B. 2017, *Thoughts on Tokens* https://news.earn.com/thoughts-on-tokens-436109aab-cbe (abgerufen am 01.03.2018).